ANTONIO SENA

Janvier 2021 : Antonio Sena ressort miraculeusement vivant du crash de son avion en plein milieu de l'Amazonie. Survivant de « l'enfer vert », il a décidé de protéger cette forêt qui a failli l'engloutir, et dévoile son incroyable épopée de survie en 2021 chez XO Éditons dans *Rester vivant jusqu'au bout*.

RESTER VIVANT JUSQU'AU BOUT

ANTONIO SENA
Avec la collaboration de MICHEL LECLERCQ

RESTER VIVANT JUSQU'AU BOUT

DOCUMENT

XO
EDITIONS

Titre original :
36 DIAS

L'édition française a été réalisée
avec le concours de Michel Leclercq
qui a rencontré Antonio Sena au Brésil

MIXTE
Papier issu de
sources responsables
FSC® C003309
FSC www.fsc.org

L'éditeur de cet ouvrage s'engage dans une démarche
de certification FSC® qui contribue à la préservation
des forêts pour les générations futures.

Pour en savoir plus :
www.editis.com/engagement-rse/

Éditeur original : Buzz Editora Ltda

ISBN : 978-2-266-32951-4
Dépôt légal : janvier 2023

« L'espoir est le dernier à mourir. »
Proverbe brésilien

Avant-propos

Voici mon histoire. L'histoire d'un double miracle. Non seulement, ce 28 janvier 2021, je ne suis pas mort dans le crash de mon petit monomoteur, mais j'ai survécu trente-six jours, seul, en pleine jungle amazonienne, un des lieux sur Terre les plus hostiles à l'homme. Et c'est peut-être aussi l'histoire d'un troisième miracle : cette épreuve m'a ouvert les yeux sur moi-même et sur le monde et appris à NE JAMAIS RENONCER.

En ces temps de crise, quand tant de malheurs ont été provoqués par la pandémie de la Covid-19 dans le monde et ici, au Brésil, je serais heureux que mon récit puisse vous aider à traverser ces heures difficiles. À puiser votre courage dans la foi et dans l'amour de vos proches ; à être résilient, à croire à votre étoile. Toujours.

L'immense forêt tropicale a failli me dévorer. Mais j'ai compris qu'il fallait respecter ce sanctuaire de biodiversité unique au monde, essentiel à l'équilibre du climat de notre planète.

L'Amazonie est d'abord un fantasme, une chimère, une terre de démesure, avec ses poissons d'eau douce aux allures de monstres marins. Ce n'est pas un hasard si, au XVIe siècle, le moine espagnol Gaspar de Carvajal baptisa le fleuve « Amazone », du nom des farouches guerrières décrites par Hérodote. Le chroniqueur accompagnait le conquistador Francisco de Orellana qui fut le premier Européen à descendre le fleuve de sa source jusqu'à l'embouchure. Le religieux lettré relate avoir vu ces célèbres guerrières antiques guerroyer contre les explorateurs espagnols. Il n'a pas tout inventé : une escarmouche a bien opposé les Espagnols à la tribu des Tapuyas où les femmes avaient coutume de se battre aux côtés des hommes… En Amazonie, la réalité n'est jamais très loin de la fiction.

Aujourd'hui, menacée de toutes parts, la forêt amazonienne est en danger, attaquée par les orpailleurs, les bûcherons, les grands éleveurs et les planteurs de soja. Pourtant, tout n'est pas encore écrit. On peut exploiter la forêt de manière durable, à l'exemple de dona Maria, cette cueilleuse de noix du Pará qui m'a accueilli comme un fils après mes trente-six jours de solitude, de faim et d'épreuves.

Le véritable héros de cette histoire, ce n'est pas moi. C'est la forêt, cet être vivant qui respire et qui souffre. Un être généreux avec ceux qui le respectent et vivent en paix avec lui, hostile envers ceux qui le violentent et le mutilent.

1.

Où suis-je ? Tôt, ce matin du 29 janvier 2021, j'ouvre lentement un œil, puis le second. À travers mes cils, je crois voir les premiers rayons du soleil tenter de percer la brume matinale, diffusant un halo mystérieux. Je baigne dans une touffeur moite, un univers chlorophyllien où se déploie toute une palette de verts : vert jade, vert lichen, vert mousse, vert menthe… J'aperçois à peine la cime d'arbres sans fin qui se balancent au vent. Des chants d'oiseaux, des cris rauques de singes éclatent à mes oreilles à mesure que j'émerge d'un sommeil comateux. Une odeur de feuilles décomposées, de bois mort, de champignons imprègne mes narines comme pour ne plus jamais les quitter.

Je suis dans cet état où les songes tardent à s'évaporer, où l'esprit hésite, à la croisée du rêve et de la réalité. Je ne veux pas sortir de ce cocon mental, je ne suis pas prêt. Je m'accorde un peu de temps pour me rassembler intérieurement, pour reprendre progressivement possession de mes sens.

Il me faut encore quelques secondes pour m'apercevoir que je me trouve dans un vallon envahi d'une végétation dense. La lumière perce difficilement à travers la canopée, plongeant le sous-bois dans une semi-obscurité. Des bromélias, de délicates orchidées s'agrippent aux arbres, d'où coulent des racines aériennes, des cascades d'heliconias rouge et jaune qui ressemblent à des becs de toucan. Des lianes rugueuses s'entremêlent, luttant pour s'élever vers le ciel dans leur quête vitale d'énergie lumineuse. De ce chaos émergent des palmiers à açaï au tronc gracile.

En un éclair, tout me revient : le vol vers la mine d'or du 13-Mai[1], la chute, le crash, l'explosion du petit Cessna, la construction d'un abri de fortune, juste avant que je m'y écroule, terrassé par la fatigue et le stress. Et la terrifiante réalité me saute au visage, me réveillant tout à fait : je suis perdu dans un des lieux les plus sauvages de l'Amazonie, cet « enfer vert » qui a avalé tant de vies humaines.

Quelques jours plus tôt, je suis en train de boire tranquillement une bière bien fraîche avec mon ami Kassio, lui aussi pilote, dans un bar de Santarém. Il a une proposition à me faire :

— Écoute, Toninho, je dois aller à São Paulo, mais le patron ne veut pas immobiliser l'avion. Tu pourrais prendre ma place pendant quatre jours ? Tu auras juste deux vols à faire pour le *garimpo*[2] du 13-Mai. Une affaire de cinq petites heures en tout.

1. Cette mine d'or, l'une des plus anciennes du Pará, fut baptisée ainsi en référence au 13 mai 1888, date à laquelle l'esclavage fut officiellement aboli au Brésil après y avoir été pratiqué pendant des siècles.

2. Mine d'or.

J'objecte aussitôt :

— Je ne vais pas me poser sur une piste de 250 mètres, je n'ai aucune expérience de ce type d'atterrissage. Je ne veux pas me tuer. Je n'ai pas besoin que la piste soit asphaltée, mais elle doit être suffisamment grande et en bon état.

Il me rassure :

— Ne t'inquiète pas, la piste est grande, on se pose facilement.

— Et l'avion ?

— L'avion est bon.

Je balaie mes réticences et lui réponds :

— C'est bon, je vais le faire.

Jusqu'ici, j'ai toujours refusé d'effectuer ce type de vols, très fréquents en Amazonie, mais dangereux. Très bien payés, du coup : je connais des pilotes qui se sont enrichis, qui ont pu s'acheter une belle maison, un bateau, une grosse voiture… Ils gagnent jusqu'à cent vingt fois le salaire minimum ! Ce n'est pas mon genre, mais j'ai besoin d'argent, et j'y vois surtout l'occasion de m'asseoir de nouveau dans un cockpit… Tout bien considéré, l'offre de mon ami tombe à pic !

Nous sommes le dimanche 24 janvier lorsque Kassio me passe la main pour que je prenne connaissance de l'avion, un Cessna 210. En effet, je suis méticuleux et très exigeant sur la sécurité, et je veux faire un vol d'essai pour me familiariser avec cet appareil, que je n'ai plus piloté depuis des années.

Ce monomoteur à ailes hautes est très populaire en Amazonie. Lancé il y a… soixante-quatre ans, ce n'est pas un monstre de technologie. Mais il est robuste, se pose sur des pistes de 230 mètres, a un rayon d'action de 1 200 kilomètres, consomme peu et a une grosse capacité de charge – jusqu'à 700 kilos. Comme son frère cadet, le Cessna 206, on le surnomme « le tracteur de l'Amazonie ». Il est parfait pour les vols de *garimpo* qui ravitaillent des centaines de mines d'or illégales, mais tolérées, au cœur de la forêt amazonienne, le plus souvent dans des territoires indiens ou protégés. À une époque, les vols étaient si nombreux dans la région que les gens disaient que l'aéroport d'Itaituba, une ville de cent mille habitants au sud de Santarém, était l'un des plus actifs au monde, avec des décollages et des atterrissages incessants.

Ne connaissant pas l'historique de cet appareil, je l'ai préalablement vérifié auprès de la Direction de l'aviation civile : tout est en ordre, il n'y a aucune irrégularité apparente.

Ce que je ne sais pas – je l'apprendrai trois mois après l'accident –, c'est que l'immatriculation du Cessna a été maquillée. Il aurait été utilisé par des narcotrafiquants opérant en Amazonie, une région si vaste qu'elle représente une plaque tournante idéale pour toutes sortes de contrebandes, en particulier avec la Bolivie et le Pérou voisins, les deux principaux producteurs mondiaux de cocaïne. L'avion a ensuite été repeint en blanc et bleu. En Amazonie, il n'est pas possible de contrôler l'ensemble de l'espace aérien, surtout les vols à basse altitude. Très rares sont les interceptions, telle celle, récente, d'un Cessna 182 Skyline en provenance de Bolivie et bourré de 300 kilos de cocaïne.

L'avion présente quelques défaillances mineures, et l'alternateur – qui sert essentiellement à charger la batterie – fonctionne de manière intermittente, mais cela ne devrait pas avoir d'incidence sur la sécurité du vol. Si la tension baisse en deçà d'un certain niveau, il est impossible de démarrer le moteur. Dans ces cas-là, fréquents pour ce type d'avion léger, il faut donner un « coup de pouce » à l'hélice. J'ai entendu parler de cette procédure, mais je ne l'ai jamais observée de près : on attache une corde à l'hélice et on tire d'un coup sec pour lancer les 300 chevaux du moteur.

Par chance, ce jour-là, nous démarrons normalement sans avoir recours à la corde. Depuis le petit aéroport d'Alenquer, une ville située en amont sur la rive nord de l'Amazone, nous nous dirigeons vers Itaituba.

Une fois en vol, je m'aperçois que la radio grésille beaucoup et qu'elle est inutilisable. Nous passons alors à une radio portable pour communiquer avec les autres avions et le trafic aérien. À part ce petit problème, tous les instruments de navigation sont dans un excellent état. Tout fonctionne à merveille, ce qui me rassure. L'avion est même équipé d'instruments modernes, dont un très bon GPS et un horizon artificiel numérique. Nous survolons d'abord l'Amazone et ses nombreux méandres, puis mettons cap au sud vers Itaituba en suivant les eaux claires du Tapajós.

Après le vol, Kassio et moi repartons en voiture pour Santarém, qui n'est qu'à quatre heures de conduite. La route, la BR 163, est asphaltée – c'est une des rares à l'être dans la région ! Elle perce la forêt pour relier les immenses plantations de soja de l'État du Mato Grosso, gagnées sur la forêt amazonienne, au port de Santarém, où le grain est chargé à bord de gros vraquiers à destination de l'étranger. Pour cette raison, les gens ici la surnomment « l'autoroute du soja ».

Lundi 25, je passe la journée à attendre des nouvelles de l'affréteur de l'avion pour qui je dois accomplir ma première mission. Il finit par m'appeler tôt le mardi 26 janvier et réserve son vol pour le lendemain. Je préviens alors ma famille et ma petite amie que je serai absent pendant quatre ou cinq jours. Ensuite, je reprends la route en direction d'Itaituba, qui est la grande base arrière des *garimpeiros* (orpailleurs) exploitant les mines d'or, très nombreuses dans l'État du Pará. C'est pour cette raison que j'ai tenu à aller, avant-hier, faire quelques repérages sur cet aéroport avec Kassio.

À l'aéroport d'Itaituba, je me dirige directement vers le hangar où l'avion est en maintenance. Des mécaniciens sont en train de changer l'alternateur. Je trouve leur manière de procéder un peu brouillonne, mais je ne peux pas vraiment faire grand-chose.

Je dois emmener le « patron » et deux autres passagères – la femme d'un orpailleur et sa petite fille – à la mine du 13-Mai. À ciel ouvert, celle-ci balafre la forêt vierge d'une large cicatrice. Les premiers orpailleurs sont arrivés dans les années 1970, rejoints au fil des années par des milliers d'autres en quête d'une fortune rapide – ils y trouveront surtout des désillusions.

La mine a des airs de petit village. Les rares femmes que l'on croise dans cet univers presque exclusivement masculin y travaillent comme cuisinières. Il y a même quelques magasins. Toute une microéconomie gravite autour de l'or. Cette activité, qui détruit la forêt et empoisonne au mercure les sols et les eaux, s'est intensifiée au cours des dernières années, avec la hausse spectaculaire des cours du métal précieux et l'affaiblissement des organes de contrôle. Les orpailleurs travaillent dur, gagnent peu et, le plus souvent, ne sont même pas conscients des dégâts qu'ils causent. Ce serait aux gens placés au-dessus d'eux qu'il faudrait demander des comptes.

La piste où nous devons nous poser n'est pas officielle, mais elle figure sur toutes les cartes aéronautiques. Elle a été baptisée « California », en référence à la ruée vers l'or au XIXe siècle dans l'Ouest américain. Il y a encore une autre piste non loin, appelée elle aussi « du 13-Mai ». Cette région en compte une dizaine.

Le lendemain matin, mercredi 27 janvier, nous décollons de bonne heure. Mais, à l'approche de California, les nuages sont très bas et la visibilité est insuffisante. Je décide alors de faire demi-tour et nous atterrissons sur la petite piste de Rocinha, près d'Alenquer, notre point de départ. J'en profite pour ravitailler le Cessna. Avec les réservoirs pleins, j'aurai cinq heures et demie d'autonomie, ce qui est largement suffisant pour un vol aller-retour d'un peu plus de deux heures.

Nous devons prendre notre mal en patience et attendre que la météo s'améliore. Comme les *garimpeiros* ont Internet, vers 13 h 30, je reçois le coup de fil espéré : « Les gars, le temps a viré au beau. » C'est la première fois de ma vie que je vais effectuer ce vol, je le vois donc aussi comme un entraînement pour ma deuxième mission prévue pour le lendemain. Car c'est toujours difficile de se poser au milieu de la forêt. Il faut atterrir en frôlant la cime des arbres et freiner brusquement sur une piste cabossée.

Outre les trois passagers, je transporte des bouteilles de gaz, beaucoup de viande, des pommes de terre, des oignons, des tomates, de l'ail, des œufs, des haricots… Un peu de tout. Parce que, dans ces mines, il n'y a vraiment rien. Il faut tout apporter par avion, ou par bateau quand c'est possible.

Je suis impressionné par la densité du couvert forestier. J'avais déjà une expérience de plusieurs années de vol au-dessus de l'Amazonie, acquise quand je travaillais pour la compagnie régionale Piquiatuba, mais, malgré tout, cette route me frappe : pas de cultures, pas de fermes, pas de pistes clandestines. Rien, sinon la forêt à perte de vue.

Pendant le vol, tout se passe bien, mais je constate que, de nouveau, l'alternateur ne fonctionne que de manière intermittente. Arrivé en vue de California, j'ai un peu d'appréhension. Pourtant, je pose le Cessna tranquillement, comme si j'étais un vieil habitué.

La piste a été tracée en haut d'une colline. Les mines, elles, sont toujours dans une vallée, à côté d'une rivière. De là où je suis, je ne vois donc pas celle du 13-Mai. Je reste à proximité de l'avion pour surveiller le déchargement. J'en profite pour observer la piste. Elle est flanquée d'un grand hangar où sont stockés des machines, divers équipements, un peu de combustible. Un peu plus loin trône un énorme réservoir rouillé, très détérioré. Je suis un peu interloqué.

— Comment est-il arrivé dans cet endroit perdu ?

— Il a été transporté ici en pièces détachées dans les années 1970, quand les *garimpos* ont été légalisés, m'explique un employé. C'était un projet du gouvernement militaire de l'époque.

Un antique DC-3 gît aussi, abandonné, en bout de piste. C'est tout ce que j'aperçois, mais cela donne une idée de l'intense activité de ce *garimpo* il y a quelques années.

Je ne veux pas m'attarder, je sais que cela peut être risqué. Le père d'un de mes amis d'enfance faisait régulièrement des vols de *garimpo*. Un jour, il est allé chercher un stock d'or amassé par des orpailleurs et, pendant qu'il attendait le chargement sur la piste, il a été attaqué par des bandits surgis de la forêt. Après un échange de tirs avec les agents de sécurité, ils ont réussi à s'enfuir avec l'or et… l'avion. Parfois, le pilote est pris en otage et relâché plus loin.

Vingt minutes plus tard, le « patron » et moi sommes prêts à repartir (l'autre passagère et sa fillette restant sur place). À cause de l'alternateur capricieux, nous allons devoir démarrer en utilisant la corde. Je suis curieux de voir comment cela va se passer.

Pendant que je remonte dans le cockpit, un mécanicien enroule la corde sur le fileur de l'avion et me dit :

— Quand on commence à tirer la corde, tu lances le démarrage.

À ma surprise, cette technique marche au quart de tour. Le moteur en route, nous décollons pour Alenquer. Le vol de retour dure un peu plus d'une heure et se déroule sans encombre.

Arrivé à l'hôtel, je suis fatigué. Le vol a été court, mais plein de nouveautés pour moi. Comme je ne veux rien laisser au hasard – j'ai déjà parlé de ma minutie –, j'étudie le plan de vol du lendemain et me plonge dans le manuel de l'avion pour me rafraîchir la mémoire. Je suis préoccupé par la charge de l'appareil. Je sais que, ce jour-là, outre quelques provisions, je transporterai 650 litres de diesel. Pour les orpailleurs, ce carburant est vital, parce qu'il fait tourner leurs machines extractrices.

Je cherche sur Internet combien pèse 1 litre de diesel, sachant que la charge maximale du Cessna est d'environ 700 kilos. Pour alléger l'appareil, on a enlevé les sièges passagers ce qui permet de remplir tout l'espace de bidons de diesel. Pas beaucoup de marge, mais ça ira. Cela reste dans les limites des capacités de l'avion.

Ce jeudi 28 janvier, à 7 heures, je suis déjà debout en prévision de ce vol d'une heure et cinq minutes. Sur la route de l'aéroport, je m'arrête pour acheter des bouteilles d'eau afin de me désaltérer pendant le vol – je ne sais pas encore à quel point je me féliciterai de cette initiative… Sur place, je repère le Cessna bleu et blanc et grimpe à bord. Je fais la check-list : tout est OK, sauf ce fichu alternateur. Il faudra de nouveau utiliser la corde pour lancer le moteur. Le plan était de décoller vers 9 heures, mais, une nouvelle fois, la météo fait des siennes. Le temps est très nuageux et, comme ma navigation est à vue, je risque de ne pas trouver la piste California. J'attends donc, et ce n'est que vers 12 h 30 que je décolle enfin.

Un retard qui s'avérera lourd de conséquences. Mais ça, je l'ignore encore.

2.

J'entame la montée, en communiquant toujours par radio mon cap, mon altitude et ma distance par rapport à un point de référence. Cela permet aux autres pilotes de savoir où je suis et d'éviter de voler sur des trajectoires de collision. Je suis la procédure habituelle. Je continue à transmettre ma position, mon altitude et mon cap, mais, comme je ne reçois aucune réponse, j'en déduis que je suis seul dans les airs ce jour-là.

Je vole en paliers à 3 000 pieds, car les nuages sont encore bas, et je veux maintenir en permanence un contact visuel avec le sol. Plus je m'éloigne d'Alenquer et des exploitations agricoles qui mordent sur la forêt, plus la zone que je survole est dense et vierge. En quinze minutes, je suis déjà au-dessus d'une zone intacte de l'Amazonie.

Je contemple cette immensité sous mes pieds. J'observe constamment les alentours. Je ne peux m'empêcher de penser : « Si quelque chose arrive ici, qu'est-ce que je fais ? » Peut-être un pressentiment que je chasse vite de mes pensées. Un pilote est rarement serein à 100 %. Toutefois, après quarante minutes de vol, tout se passe bien et je commence à me détendre.

Tout à coup, le Cessna cesse de ronronner. Je m'en rends compte immédiatement : l'unique moteur s'est arrêté.

Je n'arrive pas à croire ce qui se passe. Mon premier vol seul sur cette route, et le moteur me lâche !

Je me trouve dans un monomoteur, à basse altitude, survolant une zone de forêt extrêmement dense... Ne pas se laisser gagner par la panique, rester concentré... Je respire profondément et je me remémore tout ce que j'ai appris pendant ma formation et avec le simulateur de vol.

« Rester calme, identifier la panne et piloter l'avion. »

Je regarde la jauge du débit de carburant : elle est à zéro. Je pense en un éclair : « Il n'y a plus de combustible dans le moteur, mais il y en a dans les ailes. » Je suis à la lettre le protocole : je mets la commande de mélange dans la position qui permet de laisser entrer le plus de carburant possible dans le moteur, j'abaisse un peu le nez de l'avion pour permettre à l'hélice de tourner encore plus vite... Ça ne fonctionne pas.

Je retente la même procédure, mais en basculant le sélecteur de carburant sur l'autre réservoir. Je dois essayer, c'est ma dernière chance de relancer le moteur. Encore une fois, ça ne marche pas. Il n'y a rien d'autre à faire.

L'avion commence à perdre de l'altitude, je vois le sol se rapprocher de plus en plus.

Je sais que la chute est inévitable. Je me concentre sur le pilotage du Cessna, qui s'apparente désormais à un planeur. J'amène le monomoteur à sa vitesse de planage idéale, environ 100 kilomètres-heure, pour qu'il descende le plus lentement possible sans pour autant risquer de décrocher. Je contrôle la vitesse et l'inclinaison, tout en cherchant des yeux un endroit où je pourrais tenter un atterrissage forcé dans cette région accidentée, à la végétation inextricable. Je balaie la zone du regard, incrédule, mais je ne doute pas que je vais réussir à poser l'avion.

Ma tête s'emballe, un tsunami d'adrénaline se déverse dans mon corps, je n'ai pas le temps d'avoir peur. Je me souviens de chaque seconde de ce court moment.

À cet instant, je me saisis de la radio et lance le message de détresse qu'aucun pilote ne souhaite avoir à envoyer un jour dans sa carrière : « *Mayday*, *mayday*, *mayday !* » Pendant des années, nous suivons des formations pour pouvoir affronter une panne, mais le *mayday* n'est utilisé que lorsqu'il n'y a plus rien à faire et que la situation est, sans aucun doute, désespérée. Dans toutes les simulations, on ne prononce ce mot que lorsque l'on est certain de courir un risque mortel. Mais là, il ne s'agit plus d'une simulation. Je crie dans mon micro :

— *Mayday*, *mayday*, *mayday !* Papa, Tango, India, Roméo, Juliette tombe entre Alenquer et la piste California !

Je signale que je suis en train de chuter et donne ma position, tout en réfléchissant à toute allure pour savoir si je continue à planer en ligne droite ou si je tourne vers la droite ou la gauche dans l'espoir de découvrir une coulée où je pourrais atterrir parmi les milliers d'arbres.

L'avion descend de plus en plus rapidement. C'est alors que j'aperçois à ma gauche un vallon entre deux collines pas trop hautes, où poussent des palmiers à açaï, aux troncs assez souples pour pouvoir éventuellement amortir le choc. Je connais l'Amazonie et me dis qu'il doit s'agir d'une zone inondée, car ces arbres ont besoin de beaucoup d'eau. Je vois qu'il y a un espace d'au moins 20 ou 30 mètres où je peux essayer d'atterrir avec le moins de casse possible.

Immédiatement, je prends ma décision : « Ça va être ici. Ces arbres à açaï seront ma piste d'atterrissage. »

Tout cela se passe probablement en moins de temps qu'il ne vous en aura fallu pour lire ces lignes.

Pour moi, ces secondes sont décisives. Je n'ai pas droit à l'erreur.

Je sors les volets pour augmenter la portance et diminuer la vitesse au maximum. Le risque est de décrocher et de tomber d'un coup, la vitesse de décrochage du Cessna étant de 90 kilomètres-heure. Je ne sors pas le train d'atterrissage, j'ai peur qu'il se prenne dans les branches les plus hautes.

Mon intention est de lever le nez de l'avion jusqu'à ce qu'il se couche sur la cime des arbres. Et, grâce à Dieu et à mes années d'entraînement, tout se passe exactement comme je le voulais.

L'impact, je crois, survient à une vitesse d'environ 100 kilomètres-heure. Je lève le nez, puis je sens le fuselage juste sous mes pieds racler bruyamment un premier arbre ; puis un deuxième : « Bam, bam, bam ! » Comme de la tôle ondulée traînée sur une piste de terre. Jusqu'au dernier moment, je tente de contrôler l'avion. Puis je sens que je percute quelque chose.

Je me protège comme je peux. Cela dure quelques secondes qui me paraissent une éternité. Et tout à coup, « boum ! », tout s'arrête brusquement. L'avion a plongé dans un *igarapé*. Ces bras de rivière sont innombrables dans le bassin amazonien. Ils sont parfois peu profonds et s'enfoncent dans la forêt. Ils peuvent aussi être larges comme des fleuves.

Tout est allé très vite. Entre l'arrêt du moteur, ma vérification de la check-list et l'impact, il ne s'est déroulé que trois minutes.

Je ferme les yeux et, quand je les rouvre, la première chose qui me vient à l'esprit est : « Je suis vivant. » Je ne sais pas encore si je suis blessé ou si je souffre de fractures. Je ne vois pas de sang couler. Après le choc, l'adrénaline est si forte que je ne ressens aucune douleur.

Je suis coincé par le tableau de bord qui s'est avancé d'un bon demi-mètre sous l'impact, et les bidons de diesel sont renversés sur moi. Je suis complètement aspergé de carburant.

Je suis à moitié écrasé, mais conscient.

Le moteur s'est disloqué dans l'eau de l'*igarapé*. Cela l'a refroidi, mais toute la partie électrique fonctionne encore. Je dois sortir au plus vite. Le Cessna peut s'embraser à tout instant, car le kérosène est très volatile et hautement inflammable. S'il prend feu, il va provoquer en réaction l'explosion des bidons de diesel que je transporte.

Je pose fermement les mains sur le tableau de bord et je pousse de toutes mes forces – sous l'effet du stress, celles-ci sont décuplées, comme si j'étais Superman. Heureusement, mes jambes ne sont pas prisonnières de la ferraille, et je parviens à sortir par l'avant, car le pare-brise a été pulvérisé lors de l'impact. Sans le train d'atterrissage, l'avion n'est pas très haut, moins d'1,70 mètre.

Je saute à terre et constate avec soulagement que je n'ai apparemment rien de cassé, pas même un petit doigt.

Mes pensées s'emballent. Je dois m'éloigner de l'avion, et vite. Le moteur est dans l'eau, mais je vois des coulées de carburant en train de fuir. Le risque d'incendie est imminent.

Malgré le danger, je retourne dans l'avion afin de prendre tout ce que je pense utile pour tenir le coup avant que les secours me localisent : trois bouteilles d'eau d'un demi-litre – celles que j'ai achetées à Alenquer pour boire pendant le vol –, la corde avec laquelle nous avons démarré l'avion, d'environ 3 mètres de long, douze petits pains et de grands sacs blancs à gravats. Je cherche fébrilement la viande qui est quelque part. Mais, dans le chaos de la carlingue, je ne la trouve pas et je laisse tomber. Chaque seconde compte.

Je prends aussi quelques canettes de soda (j'arrive à en tenir quatre dans une main !). Et je fourre le tout dans mon sac à dos, éjecté lors de l'impact et que j'ai retrouvé par terre à quelques mètres de l'avion. Il contient déjà un couteau de chasse, un canif multifonction, une lampe de poche et deux briquets, et quelques vêtements (j'avais prévu de ne partir que deux jours) : un short, un bermuda, un tee-shirt noir avec une impression en rouge du Sacré-Cœur de Jésus et deux paires de chaussettes. Sans compter ceux que je porte sur moi : un jean, un caleçon, une paire de tennis… et une chemise imbibée de diesel. C'est tout.

Je retourne à l'avion une dernière fois pour tenter de mettre en marche l'ELT – l'*emergency locator transmitter*, ou radiobalise de repérage d'urgence. C'est ma meilleure chance d'être localisé. Il aurait dû se déclencher automatiquement lors de l'impact, mais il est fréquent qu'il ne s'actionne pas sur les petits monomoteurs. J'essaie donc de le faire fonctionner manuellement. En vain : il est malheureusement beaucoup trop endommagé.

Dépité, je m'éloigne du Cessna bleu aux ailes blanches complètement détruit et le prends en photo. L'image est un peu floue, mais c'est la seule qui restera de l'appareil accidenté.

Aussitôt, je retire mes vêtements trempés d'essence et revêts mon short et mon tee-shirt de rechange. Puis je commence à inventorier mes blessures. Mes genoux sont très enflés, une côte me fait souffrir quand je respire, j'ai une bosse grosse comme un œuf sur le front. Et je sens que j'ai une grande éraflure dans le dos.

Mais je suis vivant et en un seul morceau ! C'est un vrai miracle.

Sur ma droite, j'avise une colline qui surplombe l'avion et je décide d'y grimper. Arrivé à mi-chemin de mon ascension, j'entends un « boum ! » retentissant. Je me retourne : l'avion vient d'exploser, il est en flammes. Un panache de fumée noire s'élève dans le ciel, et une forte odeur de carburant s'en dégage. Il y a encore quelques petites détonations. Sans m'attarder, je poursuis ma marche et j'atteins le sommet de la colline.

« Je suis en vie. J'ai survécu à un accident d'avion. »

Ces mots tournoient dans ma tête. Tout a été si rapide que je n'ai pas eu le temps de réaliser ce qui m'arrivait. Je n'ai été que dans l'action.

J'ai assez d'eau et de nourriture pour quelques jours. La première chose à faire, c'est allumer un feu pour éloigner les bêtes et les insectes. Je suis désormais en « mode survie ». Il faut que je tienne le coup jusqu'à l'arrivée des secours.

Je ramasse quelques brindilles et des branches plus grosses et les dispose de façon qu'elles alimentent un feu de fortune. Mais comment vais-je l'allumer ? Je pense alors à ma chemise imbibée de diesel. Elle est déjà dans un piètre état, mais je finis de la déchirer : chaque lambeau de tissu va constituer un allume-feu parfait.

La journée est humide, bien qu'il n'y ait aucun signe de pluie. Après le feu, mon deuxième impératif est de me mettre à l'abri. Je trouve deux branches en forme de Y renversé et place une autre branche entre elles en guise de faîtière. Je recouvre ensuite ma charpente improvisée de feuilles de palmier. C'est plus que sommaire, mais cela fera l'affaire pour cette nuit.

Je me glisse dans ma hutte et crois pouvoir souffler un peu… C'est à ce moment qu'une sorte de fièvre m'envahit, m'assommant littéralement. Pendant toute la chute et l'atterrissage en catastrophe, je m'étais préparé à l'impact : « Ça va arriver, ça va arriver, ça va arriver. » Depuis, je n'ai été mû que par les flots d'adrénaline sécrétés par le stress. Maintenant que la tension commence à retomber, mon corps se relâche si brusquement que je m'écroule, à demi inconscient. Je ne me souviens plus de rien. Je m'abandonne à l'épuisement.

La nuit est sombre, froide. Il n'y a que les ténèbres.

3.

La première fois que j'ai vu un avion, j'étais avec mon père. Nous allions pique-niquer en famille à l'ombre des palmiers sur une des plages immaculées qui bordent le Tapajós, pas très loin de l'aéroport de Santarém. J'étais émerveillé par ces oiseaux qui montaient au ciel et qui étincelaient dans le soleil couchant.

Mais je n'ai jamais ressenti cet appel que l'on nomme « vocation ». Mon frère, ma sœur et moi avons toujours été libres de nos choix. Mon père disait toujours : « Fais ce que tu aimes et tu seras naturellement bon dans ce que tu feras. »

Le bac en poche, j'ai commencé plusieurs cursus universitaires : d'abord dans le tourisme, puis en informatique et enfin en ingénierie. Je n'en ai achevé aucun. Ensuite, j'ai fait des études de communication, en me spécialisant dans la publicité. À la fois hyperactif et instable, j'avais des difficultés à me concentrer sur un projet.

Parti jeune – à 18 ans – de la maison familiale, j'ai dû travailler pour payer mes études. Ce fut ma grande chance. En 2006, la GOL, la deuxième plus importante compagnie aérienne du Brésil, a ouvert une escale à Santarém. Elle recrutait sur place ; j'ai donc postulé un peu par hasard, et je me suis retrouvé à travailler au comptoir d'enregistrement. J'ai immédiatement adoré le monde de l'aéronautique, auquel je n'avais pourtant qu'un infime accès. J'ai fini par me dire que je voulais devenir pilote. J'avais enfin trouvé ma voie.

Renonçant dès lors à l'université, j'ai cherché activement une formation de pilote – avant de m'apercevoir que ces études étaient très nettement au-dessus de mes moyens : il faut payer non seulement des frais de scolarité élevés, mais aussi des heures de vol quasiment inabordables.

C'est alors que l'une des plus grandes forces de ma vie est entrée en jeu : l'amour fraternel !

Ma sœur Mariana, de trois ans mon aînée, et mon jeune frère Thiago ont compris que, pour une fois, j'étais décidé et que je voulais vraiment m'engager dans cette voie. Ils ont alors pris une décision dont je leur serai éternellement reconnaissant. Nous possédions tous les trois un terrain en indivision : ils ont spontanément décidé de le mettre en vente et de me donner chacun leur part pour que je puisse payer ma formation.

C'était comme ça que nous vivions. Un pour tous et tous pour un. Pour eux, aucune parcelle de terre ne valait l'étincelle dans mes yeux quand je compris que je pourrais réaliser mon rêve. Nous avons toujours vécu la fraternité dans le sens le plus pur du terme. Nous formons un tout, prenons soin les uns des autres. Quand je ne vais pas bien pour quelque raison que ce soit, Mariana m'accueille chez elle. Et, quand c'est ma sœur qui a besoin de quelque chose, je suis là pour la soutenir. Nous ne supportons pas l'idée que l'un de nous soit en galère, ou juste en train de se débattre avec le quotidien. Chacun de nous doit toujours s'assurer que les deux autres vont réellement bien.

C'est ainsi que je suis parti pour Brasília et que j'ai obtenu en 2009 mon brevet de pilote privé, après avoir pu justifier de quarante heures de vol. Pour passer à l'étape suivante, pilote commercial, c'est plus difficile, et surtout beaucoup plus cher : il faut cent vingt heures de vol. Si, comme moi, on n'a pas d'argent, il y a une autre possibilité : voler deux cents heures avec un pilote licencié.

C'est ce que j'ai fait. En 2012, j'ai été embauché comme copilote par la compagnie régionale de taxis aériens Piquiatuba. J'ai alors sillonné l'Amazonie en tous sens pendant quatre ans, jusqu'à mon départ en 2016 pour le Tchad (j'y reviendrai).

J'ai surtout volé sur le Cessna 208 Grand Caravan, un turbopropulseur pouvant transporter jusqu'à quatorze personnes, et aussi sur l'Embraer 120. Je faisais des liaisons entre les grandes villes : Santarém, Belém, Manaus, Altamira, São Luís.

Il m'arrivait également d'amener des médecins ou des infirmières dans les territoires indiens. L'avion est très souvent le seul moyen d'atteindre les communautés isolées dans la forêt. Je me souviens ainsi de m'être posé sur une piste de fortune, dans la terre indienne zo'é, pour prendre en charge un nouveau-né prématuré et le transporter à l'hôpital.

Conscient que j'étais responsable de la sauvegarde de plusieurs vies humaines, j'étais très strict sur les règles de sécurité. Et la compagnie Piquiatuba ne transigeait pas non plus là-dessus. En revanche, ce n'est pas du tout la priorité des pilotes de *garimpo*. Très souvent, ils n'ont pas suivi de cours de pilotage, ils ont simplement appris sur le tas, avec les *garimpeiros* (orpailleurs) eux-mêmes.

C'est lors de ces années de vols souvent périlleux au-dessus de l'Amazonie, puis en Afrique, dans des conditions parfois extrêmes, que j'ai acquis l'expérience qui me sauvera la vie.

À l'aube de ce vendredi 29 janvier, mon premier matin dans la forêt, je recouvre lentement mes esprits. Je me rappelle vaguement m'être réveillé à deux ou trois reprises au milieu de la nuit. Une fois sur pied, je redescends la colline avec l'espoir de récupérer des choses utiles dans le Cessna. Peut-être une canette de soda supplémentaire, ou un reste de carburant pour faire un plus grand feu.

Mais le spectacle est désolant. L'appareil n'est plus qu'une carcasse carbonisée. Une odeur âcre de brûlé flotte dans l'air, dernier témoin du crash. Il n'y a plus de tableau de bord, plus de sièges, plus d'instruments… Le fuselage de l'avion est entièrement calciné, je ne peux même pas en faire un abri. De ces tôles noircies, fracassées, il ne subsiste qu'une partie des ailes.

C'est moi qui aimerais avoir des ailes en ce moment. Mais je suis cloué au sol, accroché à l'espoir peut-être vain d'un sauvetage proche. Je comprends soudain à quel point je suis seul.

Dans l'immédiat, je dois réfléchir aux mesures à prendre, à ce qu'il faut faire et surtout ne pas faire. Par exemple, je ne dois pas boire d'eau pendant les premières vingt-quatre heures : je dois la garder pour plus tard. Et je n'ai pas non plus besoin de manger pendant les deux premiers jours. Ces deux règles m'ont été enseignées lors de mon stage de survie en Amazonie, étape cruciale de la formation destinée à obtenir le brevet de pilote commercial (je n'imaginais pas avoir un jour à les mettre en pratique). On nous y a inculqué le triple précepte de la survie : de l'eau, un abri, du feu. Désormais, c'est ce triptyque qui va guider chacune de mes journées de naufragé de la forêt.

Je suis scrupuleusement les recommandations du stage : j'installe mon campement près du lieu de l'accident. J'ai besoin d'eau, de préférence de l'eau courante. Si je bois de l'eau stagnante, à coup sûr, je tomberai malade : il y a beaucoup de sédiments, peu d'oxygène et des milliards de bactéries. En cas d'absolue nécessité, on peut en être réduit à boire sa propre urine, ce que je suis prêt à faire. Mais j'ai eu de la chance dans mon malheur : je suis tombé à côté d'un cours d'eau. Celle de ce ruisseau n'est ni incolore ni translucide, mais elle n'a pas non plus d'odeur ni de goût.

Dans sa chute, le Cessna a abattu plusieurs arbres et tracé une trouée dans la forêt. Elle n'est pas grande, mais j'espère que les sauveteurs de la Force aérienne brésilienne, la FAB, pourront quand même la voir du ciel.

J'ai déjà participé à la recherche d'avions dans la forêt amazonienne. Normalement, les recherches durent de cinq à huit jours, rarement plus longtemps, faute de moyens et parce que, au-delà, les chances de survie sont très faibles.

Je peux tenir plusieurs jours : j'ai de l'eau, un peu de nourriture, la nature m'offre de quoi construire un bon abri. Et, surtout, je suis plein d'espoir. Je suis certain que l'alerte de ma disparition a déjà été donnée et que la FAB a entamé ses recherches. Ils connaissent plus ou moins ma route entre Alenquer et la piste California. Il faut juste que j'attende l'arrivée des secours. Je suis confiant. Je sais bien pourtant que les accidents sont monnaie courante en Amazonie, et que nombre d'histoires circulent sur des pilotes qui se sont écrasés et qu'on n'a plus jamais revus. J'en ai connu trois personnellement : c'étaient des amis avec qui je buvais des bières dans des bars.

Tout récemment encore, j'ai entendu parler d'un mécanicien de Rio de Janeiro qui se rendait dans une mine d'or illégale, dans le Roraima, à la frontière de la Guyane française. Il devait y réparer un hélicoptère. Cela faisait dix jours qu'il avait disparu au-dessus de la forêt avec les trois autres personnes qui étaient à bord de l'avion. Sa famille s'est démenée, mais on n'a plus jamais eu de nouvelles.

Je me souviens aussi de ce Cessna découvert par hasard vingt ans après sa chute en 1986. Le corps du pilote, lui, n'a jamais été retrouvé.

Avant mon crash, j'ai vu que je survolais une zone de forêt très dense. Je n'ai pas aperçu la moindre trace de présence humaine. Je dois être seul sur des dizaines de kilomètres à la ronde[1].

1. J'apprendrai plus tard que je suis probablement tombé dans la réserve biologique de Maicuru, un territoire très protégé où sont répertoriées des centaines d'espèces endémiques de faune et de flore qui n'existent nulle part ailleurs sur la planète.

À cette idée de solitude absolue s'ajoute parfois un sentiment de panique. J'essaie de ne pas y céder. Je prends soin de mes plaies : je les nettoie, les maintiens sèches et propres. Et je passe du temps à l'intérieur de mon abri pour réfléchir.

Quand l'avion s'est écrasé, il restait 15 % de batterie sur mon téléphone portable. C'est peu, mais, là où je me trouve, je ne risque pas de recevoir de mails, de notifications en tout genre ou de passer ma journée à jouer à des jeux vidéo… En plus de la navigation GPS, j'ai la carte aéronautique sur mon smartphone (de nos jours, nous n'utilisons plus que des cartes numériques). Je passe cette première journée – et les suivantes – à examiner la carte (pour économiser la batterie, je fais des captures d'écran). Elle me confirme, hélas ! que je suis tombé à mi-chemin entre Alenquer et la piste California, à environ 120 kilomètres de ces deux destinations. Il y a tout lieu de penser que cette partie de la forêt n'a jamais été foulée par un homme. La probabilité que je puisse y rencontrer quelqu'un est extrêmement faible.

Au fond, je le savais, mais je ne voulais pas y penser. Je ne l'admets vraiment qu'après avoir passé des heures à analyser la carte. Franchement, je n'imaginais pas être si loin de tout.

Pour adoucir un peu ma solitude, je regarde les photos de mes parents, de Thiago et Mariana, des jours heureux et insouciants. Alors une vague de nostalgie me submerge et me rend encore plus triste. Je décide de ne plus regarder ces photos d'un passé si proche, mais qui me paraît, à cet instant, si lointain.

4.

Quelle est maintenant ma tâche prioritaire ? Je sais que je devrai passer une petite semaine dans la forêt avant d'être repéré et sauvé. Je dois me maintenir en vie. Je reste optimiste : on va me trouver.

Ces premiers jours sont ceux de l'apprentissage. Il s'agit de choses banales, mais, là où je me trouve, chaque détail compte. Construire un bon abri par exemple, sélectionner la bonne branche de palmier, trouver la meilleure source d'eau potable.

Le deuxième soir, j'abandonne l'abri très rudimentaire que j'avais construit la veille à la hâte et j'en monte un près de l'avion, guère plus protecteur. En voyant le ciel s'assombrir et de gros nuages noirs se former au-dessus de ma tête, j'implore : « S'il vous plaît, s'il vous plaît, pas de pluie ! » En vain. Comme disent les Amazoniens experts en météo locale : « S'il ne pleut pas, c'est qu'il va pleuvoir. »

J'entends d'abord de grosses gouttes s'écraser au sol. De plus en plus grosses, de plus en plus fortes. Soudain, c'est un déchaînement, un bruit assourdissant, un roulement de tambour. Mon pauvre refuge vacille sous les coups ininterrompus de la furieuse averse tropicale. Réfugié sous ma hutte, j'ai l'impression d'être sous la douche… Toutes mes affaires sont trempées : mon sac à dos, les quelques vêtements qu'il contient…

Je dois absolument renforcer l'abri. C'est ainsi que, pendant ces premiers jours, j'améliore progressivement ce qui finit par devenir mon « chez-moi », un lieu où je me sens un peu protégé contre les dangers que j'imagine rôder tout autour.

Je pose par terre des feuilles de palmier pour m'isoler de l'humidité du sol et ne pas dormir dans le froid. J'explore la zone, cherchant quelque chose qui pourrait consolider ma hutte. Et je fais une découverte providentielle : des feuilles de *sororoca*, un arbre aussi appelé *banana-brava-da-mata*, répandu dans les zones humides de l'Amazonie. Ses feuilles ressemblent à celles du bananier, mais elles sont plus grandes et plus larges. Les Indiens les utilisent pour cuire le poisson à la braise et stocker le sel.

Je me félicite : maintenant, je pourrai rester au sec. Mais je m'aperçois vite que c'est encore insuffisant : l'abri fléchit sous le poids des feuilles. J'ai alors l'idée de monter des parois avec des tiges de palmier. J'en dresse huit de chaque côté et leur adosse une vingtaine de feuilles de palmier. Ensuite, je dispose les feuilles de *sororoca* pour former un toit. Plus tard, j'ai l'idée de tendre entre deux arbres, à une hauteur d'environ 1,50 mètre, la corde que j'ai récupérée dans le Cessna, pour soutenir mon toit en feuilles de *sororoca*. C'est beaucoup plus résistant.

Je passe des heures à améliorer mon abri. Une fois à l'intérieur, je n'en sors plus de la nuit.

Nous sommes fin janvier, c'est l'été austral et le début de la saison des pluies en Amazonie. Je m'attends donc à ce qu'il pleuve tous les jours – et c'est effectivement ce qui se produit.

À cette époque de l'année, l'Amazone et ses affluents, comme le Tapajós, montent de 10 à 15 mètres ; les rivières gonflent, les ruisseaux deviennent torrents, et les *várzeas*, zones sèches de la forêt lors de la décrue des eaux, sont inondées. Les *igarapés*, « chemins de canot » en tupi, deviennent alors navigables en pirogue. Je ne le sais pas encore, mais ces cours d'eau, méandres, étangs, marécages seront des obstacles parfois infranchissables qui ralentiront ma marche dans la jungle.

Pendant ces journées d'attente interminable, j'apprends à survivre dans la forêt. Je passe beaucoup de temps à chercher du bois à peu près sec dans une forêt détrempée par les averses quotidiennes. Je prépare toujours le foyer juste devant l'entrée de mon abri. Les premiers temps, je tâtonne : le bois est trop humide et le feu ne prend pas facilement. Mais peu à peu je progresse dans cet art : je ramasse des brindilles sèches, les plus petites possibles ; puis des morceaux de bois de plus en plus gros, afin qu'ils se transforment en braises en fin de combustion. Je dispose les bûches autour du foyer en forme de U et, au milieu, le petit bois.

Je l'allume avec un pan de ma chemise imbibée de carburant[1]. Je n'ai pas à frotter des silex ni des bâton-

---

1. Lorsque le dernier lambeau de tissu aura brûlé, j'emploierai à la place une résine naturelle provenant d'un arbre que nous appelons ici *breu branco* (voir chapitre 10 p. 83).

nets, j'utilise plus prosaïquement un des deux briquets que j'avais emportés dans mon sac à dos. Je m'échine souvent pendant des heures avant que le feu se décide à prendre. Quand enfin le foyer crépite, j'ajoute les grosses branches, tout en les remuant à l'aide d'une longue tige. Je ne cesse de surveiller et de tisonner mon feu, car il menace à tout instant de s'éteindre à cause de l'humidité du bois. En regardant les premières flammes s'élever, je me sens récompensé de mes efforts : émerveillé, je contemple le spectacle si réconfortant de ce qui me procure à la fois chaleur et protection contre les bêtes sauvages. J'imagine que le même sentiment magique animait les premiers *sapiens*, il y a plusieurs centaines de milliers d'années, quand ils domestiquèrent le feu. Mais l'image de la chaleureuse assemblée d'hommes, de femmes et d'enfants que je me représente réunis autour du foyer me renvoie tristement à ma solitude.

Le moment le plus dur, c'est la tombée du soir. Je sais que les recherches s'arrêtent la nuit. Je me réfugie alors dans l'abri, mais il est souvent trempé et je grelotte, pourtant la température nocturne ne descend jamais en dessous de 20 degrés. L'humidité est si élevée qu'elle décuple la sensation de froid. J'ai alors l'idée de mettre les deux sacs à gravats sur mes jambes en guise de sac de couchage. Petit à petit, j'arrive à trouver des solutions aux problèmes au fur et à mesure qu'ils se présentent.

La nuit, je suis terrifié par les bruits de la forêt. Ils semblent surgir de partout, dans mon dos, juste au-dessus de ma tête. Parfois, j'ai l'impression qu'un prédateur rôde, passant derrière l'abri qui me protège. J'entends des sons lointains, indéchiffrables, que j'interprète, par exemple, comme le bruissement d'ailes d'un oiseau s'envolant devant un jaguar à l'approche. Dans cette obscurité dense, tout bruit, si minime soit-il – une feuille se posant délicatement sur le sol, le craquement d'une brindille… –, est une menace.

Je suis mort de peur. J'implore la venue de l'aube au plus vite.

Le premier jour, je fabrique une sorte de flèche pour me défendre au cas où un animal entrerait dans mon abri. Par la suite, je perfectionne mon arme : avec du fil dentaire, je fixe mon couteau sur un morceau de bois. Cette lance rudimentaire me rassure un peu, et je ne m'assoupis jamais avant de l'avoir posée sur ma poitrine. Car, dans cet environnement tellement anxiogène, je somnole plus que je ne dors. Même si je finis par succomber à la fatigue, je me réveille en sursaut peu de temps après, complètement survolté, terrorisé à l'idée qu'un fauve me surprenne dans mon sommeil. Heureusement, je n'aurai affaire à aucun des prédateurs que je craignais le plus.

En revanche, ma lance ne sert à rien pour éloigner des ennemis beaucoup plus petits, mais tout aussi dangereux, comme les scorpions, les araignées et les fourmis qui grouillent sur le sol. J'ouvre les yeux tous les matins avec des insectes qui rampent sur moi – une sensation très désagréable. Une fois, une scolopendre me pique pendant mon sommeil, laissant ma main douloureuse et enflée pendant deux jours.

Je dors mieux entre 6 heures et 8 heures du matin. Le lever du soleil m'apaise un peu, le vacarme nocturne de la forêt s'estompe, et j'arrive à me détendre. Je tombe alors dans un sommeil lourd.

Tout est si déroutant. Certaines nuits, lorsque je campe encore près du ruisseau, la surface de l'eau se ride, j'imagine qu'un animal s'abreuve. Je sors de l'abri, j'allume ma lampe de poche… Ce ne sont que des branches emportées par le courant. Des oiseaux s'approchent et produisent des sons étranges qui m'effraient. Je tente de conjurer la peur par la raison. Mais cela n'empêche pas mes terreurs nocturnes de m'assaillir régulièrement.

Il m'arrive de faire des rêves qui paraissent plus vrais que la réalité. Dans l'un d'eux, un de mes amis surgit et essaie de m'aider. « Tu n'es pas là où je suis », lui dis-je. Et nous avons une longue conversation ensemble, jusqu'à ce que je lui demande : « Donne-moi quelque chose à manger. » Dans le rêve, je prends la nourriture, mais je ne parviens pas à la porter à ma bouche.

Il est normal d'avoir peur dans des circonstances qui échappent à notre contrôle. Nous avons tous traversé une période de notre vie où nous craignions fortement une certaine chose et paniquions chaque fois que nous y pensions. C'est fréquent pendant l'enfance, mais cela arrive aussi à l'âge adulte. Chez moi, c'est la nuit noire qui réactive un terrible sentiment d'abandon.

Dans les contes qui nourrissent notre enfance, une des situations les plus terrifiantes est de se trouver dans une forêt en pleine nuit. Quel enfant, au cinéma, n'a pas frémi avec Blanche-Neige s'enfuyant apeurée devant les arbres grimaçants qui se transforment en créatures effrayantes et tendent vers elle leurs branches tordues pour essayer de l'attraper ?

Rester lucide est pour moi une question de vie ou de mort. La seule chose qui soit en mon pouvoir, c'est de garder le contrôle de moi-même. C'est en me convainquant de cela que je réussis à rester calme et à ne pas désespérer. Il serait beaucoup plus facile de céder à l'affolement, mais je me répète en boucle que la seule façon de m'en sortir est de rester rationnel.

Chaque jour, je comprends de mieux en mieux quels sont les dangers réels, ceux que je dois vraiment redouter et auxquels je dois me préparer. Quant aux dangers imaginaires, qui me font inutilement souffrir par anticipation, j'arrive peu à peu à ne plus m'y laisser prendre. Lorsque je sens la peur tenter de me dominer, je marque un arrêt, respire profondément et me pose la question : est-ce un danger réel ou une frayeur infondée ?

Certes, je suis terrifié quand la nuit noire s'installe. Mais n'est-ce pas plutôt l'obscurité de mon âme qui m'apparaît alors ? Je crois être un homme de raison, mais je n'ai pas encore pris conscience que, pour que j'aie une chance de m'en sortir, mon esprit rationnel doit supplanter les quelques traces d'irrationnel qui subsistent en lui. Tant que je n'aurai pas assimilé cette vérité, mes nuits seront toujours plus sombres.

5.

Quand mon ami Kassio m'a proposé le travail qui a fait que je me trouve aujourd'hui dans cette situation de naufragé de l'enfer vert, je n'avais plus piloté depuis mon retour du Tchad, où j'avais passé trois ans, de 2016 à 2019. Je travaillais alors pour une entreprise aérienne franco-tchadienne qui avait notamment des contrats avec les multinationales Exxon et Glencore. Nous volions surtout vers Moundou, la capitale économique du pays, à 500 kilomètres au sud de N'Djamena où nous étions basés. La flotte de la compagnie comprenait des Embraer 120, des biturbopropulseurs pouvant transporter trente passagers. Bien qu'on n'en fabrique plus, ces appareils sont encore très utilisés, et, comme les aviateurs qualifiés pour les piloter ne sont pas légion, on m'a embauché.

Je ne regrette pas ces années. J'ai volé vers le Cameroun, le Maroc et d'autres pays africains. Je suis même allé en Europe, à Budapest, pour faire la révision de mon appareil. Je me souviens que mon mécanicien était un jeune Français de 21 ans, un Breton du nom de Dylan. Le soir, il m'apprenait des rudiments de français : « Répète après moi les jours de la semaine, me disait-il. Lundi, mardi, mercredi… » Ou bien, il me faisait compter : « Un, deux, trois, quatre », jusqu'à cent…

Après ces trois ans à l'étranger, j'ai décidé de rentrer. J'avais la *saudade*, la nostalgie de ma famille : ma mère Rolene, mon beau-père Pedro, ma sœur aînée Mariana et mon jeune frère Thiago, un garçon grand et athlétique ; et bien sûr, ma petite amie Ingrid, si fragile en apparence, mais si forte à l'intérieur.

Santarém, la ville où j'ai grandi, me manquait. Oh, elle n'a rien d'exceptionnel. On n'y trouve pas un magnifique théâtre comme à Manaus – copie majestueuse, mais fantaisiste du palais Garnier à Paris – ni même un marché aux poissons comme le Ver-o-Peso de Belém – où l'on peut voir les poissons d'eau douce les plus énormes et étranges de la planète, tels le *pirarucu*, un géant de 3 mètres et 200 kilos, le *surubi*, un poisson-chat de 90 kilos, ou encore le repoussant *acari*, sorti tout droit de la préhistoire. De son passé colonial, notre ville portuaire de trois cent mille habitants n'a conservé que quelques palais décrépits.

Mais pour nous, ses enfants, cette cité commerçante et paresseuse, active et abandonnée, bercée par la brise fluviale, a un charme spécial. En début de soirée, quand la chaleur de la journée fait place à une douceur bienvenue, toute la ville semble se donner rendez-vous sur les bords du Tapajós, un grandiose affluent de l'Amazone, pour échanger les dernières nouvelles, déguster quelques boulettes de *piracuí* (farine de poisson, en langue indienne tupi) et boire une *caipirinha*, la boisson favorite des Brésiliens. Les plus romantiques vont admirer un spectacle unique : la rencontre des eaux sombres et boueuses de l'Amazone avec celles, limpides et bleues, du Tapajós. Ils sont tous les deux aussi vastes qu'un bras de mer, et l'on aperçoit à peine la rive opposée, 20 kilomètres plus loin. Ces cours d'eau sont si puissants que la confluence s'élargit sur plusieurs kilomètres.

À la saison sèche, quand l'eau transparente du Tapajós descend de plus d'une dizaine de mètres, ses rives découvrent à l'infini des bancs de sable blanc, qui forment à mes yeux les plus belles plages du Brésil.

Je reviens donc à Santarém en 2019 et me mets aussitôt en quête d'un emploi de pilote dans une compagnie aérienne, persuadé que, grâce à ma solide expérience, je n'aurai aucun mal à me faire embaucher. Je me trompe lourdement : la crise économique a mis beaucoup de gens au chômage, et je ne suis pas le seul à chercher un job.

Que faire ? Je dois trouver rapidement une source de revenus. Mon ami Paulinho, dit « le Commandant », me serine : « Allez, Toninho, on achète un avion et on fait des vols de *garimpos.* » Chaque fois, je lui réponds : « Tu sais bien que je ne veux pas faire ça. » Ce type est une sorte de légende, un vrai casse-cou. Il est déjà tombé cinq fois. Il a toujours eu la chance de s'en tirer, en réussissant à se poser sur une rivière, une plage ou un champ.

Un de mes amis possède plusieurs commerces. J'ai alors l'idée d'ouvrir avec lui une brasserie artisanale, encouragé par l'engouement des Brésiliens pour les bières non industrielles. J'investis dans cette affaire une partie de mes économies accumulées pendant mes années africaines.

Nous passons six mois, de juillet à décembre 2019, à planifier chaque détail et, vers la fin de l'année, nous inaugurons le pub. Nous sommes presque à Noël, le début de l'été ici, et dans toute la ville règne une ambiance de fête. Malgré tous les bâtons dans les roues que nous a mis la bureaucratie omniprésente au Brésil, nous avons réussi à mener à bien notre projet. Tout semble réuni pour que notre entreprise soit couronnée de succès.

Mais, fin février 2020, la pandémie de la Covid-19 nous tombe dessus. Dans la région amazonienne, le virus provoque des ravages. Manaus est le théâtre d'une tragédie quand les hôpitaux, débordés, manquent d'oxygène pour sauver les patients sous assistance respiratoire. Dans ce chaos, les familles sont obligées de se procurer elles-mêmes, au prix fort, les précieuses bouteilles d'oxygène[1].

Cela fait à peine deux mois que notre brasserie a ouvert ses portes. Nous subissons le préjudice des horaires d'ouverture limités, puis celui de mesures encore plus restrictives. Les conséquences sont très lourdes, et tenter de maintenir l'entreprise à flot devient de plus en plus compliqué. Je n'en tire aucun revenu, pas même 1 real[2]. La mort dans l'âme, je me résous à déposer le bilan.

---

1. À Santarém, nous n'avons pas vu de telles scènes. Mais, en juillet 2020, le taux de mortalité y était deux fois plus élevé que dans le reste du Brésil, un des pays qui ont payé le plus lourd tribut à la covid.

2. Un real brésilien équivaut à environ 0,16 euro.

Pendant les mois qui suivent, je réussis tant bien que mal à subvenir à mes besoins… jusqu'à ce qu'une nouvelle occasion se présente : l'achat d'un petit café-restaurant. L'investissement est bien moindre que pour le pub. Ma famille m'aide, j'y investis encore une partie de mes économies et je travaille d'arrache-pied. C'est ainsi que le Bar des Artistes peut ouvrir en octobre 2020. Les règles de quarantaine ont été assouplies, et mon affaire semble bien partie… lorsque survient la deuxième vague de Covid-19. Tous les commerces doivent de nouveau fermer. Avec les nouvelles restrictions, mon café périclite et les dettes s'accumulent.

À cette époque, il n'y a que quelques mois, je pensais être en « mode survie » quand je me battais pour régler mes factures, que j'usais de mille stratagèmes pour retarder les paiements à mes fournisseurs et que mon restaurant fermait et rouvrait au gré des décisions gouvernementales liées à l'évolution de la pandémie.

Mais ce n'est que maintenant, perdu au fin fond de la forêt amazonienne, que je comprends ce qu'est réellement la survie.

Le matin du troisième jour, je suis saisi d'une immense tristesse. Ce 30 janvier devrait être une journée de joie et de réjouissances familiales. C'est la date de mon anniversaire : aujourd'hui, j'ai 36 ans. J'ai l'habitude de le célébrer en même temps que celui de mon frère Thiago, né un 22 janvier. Au Brésil, l'anniversaire est toujours une date très spéciale.

Mais celui-là, je ne veux pas y penser ; je décide qu'il s'agit un jour ordinaire. (D'ailleurs, je ne garde aucun souvenir du 30 janvier 2021, je crois que je l'ai effacé de ma mémoire. Longtemps après mon sauvetage, évoquer cette journée me fait toujours mal.)

Pendant ces jours passés à attendre les secours, je ne peux m'empêcher de me dire que, si j'avais décollé d'Alenquer à 9 heures comme prévu, l'alerte sur ma disparition aurait pu être donnée beaucoup plus tôt, quand il faisait encore jour. Les secours auraient pu repérer la fumée noire s'échappant du Cessna en feu[1].

En tant que pilote, je sais que les premières quarante-huit heures après l'accident sont cruciales. Passé ce laps de temps, si quelqu'un est blessé, ses chances de survie diminuent de moitié. Je sais aussi que, si le pilote n'apparaît pas une heure après l'horaire prévu du retour, on en déduit qu'il s'est passé quelque chose de grave. Mais, dans cette aviation de *garimpo*, on se préoccupe peu de la sécurité et du sort des pilotes.

Aujourd'hui encore, on ne connaît pas la cause de mon crash. Il serait trop compliqué et trop cher d'envoyer une équipe d'experts sur les lieux. Et surtout, je l'ai dit, les accidents sont tellement fréquents en Amazonie qu'ils suscitent en fin de compte peu d'intérêt.

J'ai pourtant mon idée. Tout pointe du doigt le combustible. Avant le décollage, j'avais vérifié la jauge, j'avais fait tous les tests. Je soupçonne la mauvaise qualité du carburant. La veille de l'accident, j'avais ravitaillé l'avion sur le petit aéroport de Rocinha. L'essence

1. Ma famille m'informera plus tard que l'alerte n'a été donnée qu'en fin de journée, trop tard pour permettre à l'avion de la FAB de décoller, alors que le crash a eu lieu vers 13 heures. Pour quelles raisons ? Je ne le sais toujours pas.

était stockée dans des réservoirs depuis peut-être des semaines, voire des mois.

Peut-être s'agissait-il d'une essence impropre, ou alors d'un manque d'entretien du Cessna. Le propriétaire, en principe, s'occupe de la maintenance de son appareil, mais souvent il se contente d'une révision minimale. Je ne sais pas quand le réservoir et les tubes d'alimentation du combustible ont été révisés pour la dernière fois. La plupart du temps les propriétaires utilisent l'avion jusqu'au bout, puis s'en débarrassent et achètent un nouvel appareil.

Pendant toutes ces journées, je guette le ciel. C'est de là que viendra mon salut.

Quelquefois, il me semble entendre de petits avions. Peut-être se dirigent-ils vers des fermes ou des mines d'or. J'écoute plein d'espoir le son du moteur. S'il ralentit, cela veut dire qu'une piste d'atterrissage n'est pas très loin. Mais non, le bruit s'éloigne, et mon espoir aussi.

Tout bascule le cinquième jour. Nous sommes lundi 1er février. C'est le matin, vers 10 h 30. Le ciel, d'abord nuageux, s'est dégagé, il fait déjà chaud. Je suis dans l'abri quand j'entends un vrombissement. Je sors d'un bond.

Je me souviens parfaitement de chaque minute.

Ce n'est pas un monomoteur comme les autres fois. J'identifie immédiatement le bruit d'un gros-porteur, plus précisément celui d'un biturbopropulseur. Je sais que la FAB dispose d'Airbus spécialement aménagés pour les missions de recherche et de sauvetage en mer et en Amazonie. Sans aucun doute, il s'agit d'un SC-105

Amazonas. En principe, ce genre d'appareil est bourré de détecteurs en tout genre (de métal, de chaleur) et de caméras de haute résolution. L'excitation me gagne : ils vont me repérer ! Je vais être sauvé !

Le son est encore lointain. J'imagine qu'ils balaient méthodiquement la zone, que les membres d'équipage, à travers les hublots, scrutent la forêt tout en ayant les yeux rivés sur les instruments. Je connais la procédure. Je suis certain qu'à un moment donné ils survoleront l'endroit où je me trouve.

Et, effectivement, ils passent exactement au-dessus de ma tête. Mais, à l'altitude à laquelle ils volent – je pense vers 2 000 pieds –, il leur est presque impossible d'apercevoir la minuscule clairière. Ils ne doivent voir qu'un tapis vert sans fin. Déjà, en quelques jours, la forêt a commencé à se refermer sur la trouée laissée par la chute de l'avion.

Je me suis saisi des sacs à gravats blancs, je les agite pour me signaler, je saute comme un dément. Je m'époumone : « Je suis là, je suis là ! » comme si de là-haut quelqu'un pouvait entendre mon désespoir. Et rien. L'avion passe une seconde fois au-dessus de moi. Il ne reviendra pas.

En le voyant s'éloigner, je sens mon cœur se déchirer.

Le lendemain, j'entends encore l'appareil de la FAB survoler la zone, mais le bruit devient de plus en plus lointain. Les recherches se portent sur une autre partie de la forêt.

Depuis la chute de mon avion, je suis constamment assailli par un « grand huit » d'émotions contradictoires : elles vont du doute, de l'inquiétude, du découragement, à l'espoir, la certitude d'être secouru, en passant par ma plus grande crainte : que les secours ne parviennent pas à me localiser. Et, de fait, c'est exactement ce qui se passe. Je dois maintenant faire face à une peur réelle. La peur d'être oublié là pour toujours.

Aujourd'hui, j'ai la certitude que je ne serai pas secouru.

Dès lors, je comprends que je devrai me sauver tout seul. Mon salut ne viendra pas de l'extérieur : il me faut forcer le destin. Sortir vivant de l'Amazonie ne dépend plus que de moi. Je dois puiser au fond de moi la force nécessaire. Et je sais que j'y parviendrai. Parce que tout semble jouer contre moi et que je n'ai plus le choix.

6.

Le matin du sixième jour, je prends ma décision. J'ai de l'eau, encore plusieurs canettes de soda et des petits pains. Je dois rationner le peu que j'ai. Je bois peu d'eau et ne m'autorise quelques gorgées de soda que tous les deux ou trois jours. Quant à ma pitance quotidienne, elle se compose exclusivement de la moitié d'un petit pain déjà humide, mou et rassis, que je trempe dans l'eau du ruisseau pour le rendre plus digeste. Je mastique cette pâte étrange et très difficile à avaler, qui me procure néanmoins un minimum de sucres lents… Je regarde le paquet et je calcule combien de temps je pourrai tenir avec ces provisions. Pas plus de quelques jours.

Quelles que soient les épreuves qui m'attendent, l'alternative est simple : soit je reste ici et je suis sûr de mourir, soit je pars et j'ai une petite chance de m'en sortir.

Il est 3 heures de l'après-midi. Je remplis mon sac à dos de tout ce dont j'ai besoin, j'abandonne mon abri et, confiant dans mon plan, je me mets en route sans regarder derrière moi, cap au sud, où je sais qu'il y a de grandes fermes ; en direction d'Alenquer, d'où j'ai décollé une semaine plus tôt.

Mais je m'aperçois rapidement que, sur le terrain, les choses ne se passent pas aussi bien que ce que j'avais prévu dans ma tête. La zone que je me préparais à traverser se révèle inaccessible, avec de fortes dénivellations et un enchevêtrement inextricable d'arbustes et de lianes. Malgré mon épuisement, je m'acharne à tenter de percer une brèche dans ce mur végétal. Je n'ai pas de machette, je n'ai que mon couteau et la force de mes bras.

Pendant trente longues minutes, je mets toute mon énergie à tenter l'impossible.

Et je retourne à mon abri. Vaincu. Jamais auparavant je n'ai connu un tel sentiment de frustration et d'impuissance. Jamais auparavant je ne me suis senti si faible. Mon dernier espoir s'est évanoui et je me vois dépourvu de ressources, sans rien ni personne vers qui me tourner. Vaincu par la jungle. Vaincu émotionnellement et mentalement. Cette demi-heure à batailler vainement contre la forêt me marque profondément.

Anéanti, sale, déshydraté, je plonge dans la partie la plus profonde du ruisseau pour me laver, et me rafraîchir le corps et l'esprit.

Je me sens comme un prisonnier enfermé à perpétuité dans une cellule sombre et exiguë. Une pensée tourne en boucle dans ma tête : « Je suis coincé ici. »

J'enlève mon tee-shirt et je l'étends pour qu'il sèche. Je retourne à mon abri, assailli par une armée de sentiments négatifs, luttant encore contre l'évidence qui devient de plus en plus nette dans mon cerveau : il y a un risque réel que je ne m'en sorte pas.

L'impuissance face à un événement contraire est la sensation la plus déprimante et la plus paralysante qui soit. Elle vous anéantit quand vous êtes déjà à bout de forces, physiques et émotionnelles.

Je me sens si abattu que mes certitudes partent en fumée. J'ai essayé et j'ai échoué. Pour la première fois, je pense à la mort, je m'imagine mourir lentement de faim dans ce lieu si hostile. Alors j'allume mon téléphone portable et j'enregistre une vidéo d'adieu à l'intention de ma famille, comme une bouteille à la mer, un ultime message aux personnes qui me sont les plus chères. Je touche le fond en pensant à ma mère, à mon frère et à ma sœur, persuadé que je ne les reverrai jamais.

Je dis à ma famille que j'ignore ce qui va se passer, que je ne sais pas s'ils vont trouver cette vidéo, mais que je les aime plus que tout et que je n'arrive pas à sortir de la forêt.

Voici mes mots :

> J'ai quitté la zone de l'accident pour marcher jusqu'à Alenquer et essayer de trouver une ferme ou autre chose, mais cela n'a pas été possible.
>
> La forêt est très dense, je n'ai pas assez d'outils, alors j'ai décidé de rester ici jusqu'à ce que quelqu'un trouve cet avion.
>
> Je vais essayer de survivre pendant ce temps. Je ne sais pas combien de temps cela me sera possible.
>
> Maman, je t'aime beaucoup. Beaucoup, beaucoup.
>
> Je voudrais encore te serrer dans mes bras et t'embrasser, et je compte sur Dieu pour ça.
>
> Pedrinho, tu es un ange dans ma vie. Tu me manques tellement.
>
> Mano, je ne sais pas quoi dire. Tu es génial. Je t'aime tellement. Mariana, Thiago, je vous aime tellement.

Ingrid, je t'aime tellement. Être près de toi me manque. Je vous aime tous, du fond du cœur.

Leur amour me nourrit, et je dis à chacun d'eux ce que je ressens à ce moment-là. Puis j'éteins la caméra de mon smartphone. En faisant ainsi mes adieux à ma famille, j'ai l'impression d'être sur mon lit de mort. Je sombre dans un désespoir abyssal.

Aujourd'hui, quand je revois cette vidéo, je suis frappé par mon regard. C'est celui d'un homme qui voit la mort s'approcher. Ce regard-là contient toute la détresse du monde.

Heureusement, ce moment d'accablement ne dure pas !

L'idée que plus jamais je ne parlerai à ma mère m'est tellement intolérable que quelque chose s'allume en moi, me faisant sursauter comme si je venais de recevoir une décharge électrique. « Non, non, ce n'est pas possible. » On dit que l'espoir est le dernier à mourir, et c'est de nouveau l'espoir qui me secoue et m'encourage : « Non, je refuse que cela se passe comme ça. » Mon amour pour les miens me crie : « Oui ! Je vais réussir. »

Il a fallu que je descende au plus bas, que je touche le fond du fond, pour pouvoir donner le coup de pied qui me fait remonter à la surface. Alors je commence à recouvrer mes esprits, à croire en mes capacités, à puiser de la force dans l'amour de ma famille, au lieu de renoncer et d'attendre passivement la fin.

Je me rends pourtant bien compte que, seul, j'ai peu de chances de m'en sortir. Mais qui pourrait m'aider ? Les secours ne balaient plus la zone, ma famille me croit peut-être déjà mort[1], et je n'arrive pas à me frayer un chemin dans la forêt pour aller chercher du secours.

Chacun sait que survivre à un crash au milieu d'une forêt impénétrable relève du miracle. Tout pilote en Amazonie se souvient de la catastrophe du vol 1907 de la compagnie brésilienne GOL en 2006 : percuté par un jet d'affaires, le Boeing 737-800 s'est écrasé en pleine forêt ; les cent cinquante-quatre passagers et membres d'équipage sont morts. Ou encore de l'histoire, un peu similaire à la mienne, de cette jeune Allemande de 17 ans, seule survivante, parmi les quatre-vingt-douze passagers et membres d'équipage, du crash d'un avion de ligne en Amazonie péruvienne, il y a exactement cinquante ans. Elle a marché pendant onze jours dans la jungle le long d'une rivière avant d'être secourue[2].

---

1. Je ne sais pas que, persuadés que je suis vivant, mes proches sont en train de remuer ciel et terre pour me retrouver et qu'ils ont organisé une collecte d'argent en ligne. Ce sera un succès, et cet élan de solidarité permettra de financer la poursuite des recherches.

Ils ont aussi posté sur les réseaux sociaux l'annonce suivante : « La famille offre une récompense de 10 000 réis à toute personne qui retrouvera le pilote Antonio Sena, disparu depuis le 28 janvier aux environs de 12 h 30. Il faisait la route Alenquer-mine d'or du 13-Mai, à bord de l'avion Cessna 210 bleu et blanc immatriculé PT IRJ. Selon la dernière information reçue, l'appareil a été vu à proximité de la piste d'Anatum. Toute personne qui se trouvait dans les environs et peut aider aux recherches sera généreusement récompensée. »

Une récompense qui représente dix fois le salaire minimal…

2. Il s'agit de Juliane Koepcke-Diller, née en 1954 à Lima (Pérou), seule rescapée du vol 508 de la compagnie péruvienne Lansa entre Lima et Pucallpa le 24 décembre 1971.

Pourquoi fais-je partie de la liste très restreinte des rescapés ?

Pourquoi, après avoir été épargné, dois-je maintenant mourir seul dans la forêt ?

Qu'ai-je fait pour mériter une fin si lente et horrible ? Pourquoi ne suis-je pas mort d'un seul coup dans l'accident ?

De nouveau, le défaitisme vient éteindre l'étincelle d'espoir qui m'a animé un instant auparavant. Sur le point de rendre les armes, je commence à demander à Dieu pourquoi je dois endurer une telle épreuve. Je trouve cela injuste. Pourquoi moi ? Je prends conscience à ce moment que c'est la première fois que je m'adresse à Lui. Je n'ai pas évoqué Dieu quand l'avion a chuté et que j'en suis sorti vivant. Ni quand j'ai réussi à m'en extirper avant qu'il n'explose. Alors pourquoi me retrouvé-je maintenant à parler à Dieu ?

Le temps est venu pour moi de m'expliquer avec Lui.

7.

J'avais 19 ans lorsque mon père a eu un accident de moto et a dû être hospitalisé. À l'époque, je vivais à Brasília, ma sœur à Manaus et mon frère aux États-Unis. Mon père a été transporté directement aux urgences de l'hôpital de Santarém. Dès que je l'ai su, je me suis immédiatement tourné vers Dieu.

Je l'ai supplié de me laisser arriver à temps pour voir mon père. Je l'ai imploré comme jamais auparavant. Il m'a fallu un jour et demi pour rejoindre Santarém, et, à chaque minute qui passait, je priais pour arriver à temps et le voir en vie. Lorsque je suis arrivé, on m'a informé que les visites se déroulaient seulement en fin d'après-midi.

C'est alors qu'on m'a annoncé sa mort. Il n'avait que 50 ans. J'étais abasourdi, inconsolable. Je n'ai pas pu dire au revoir à mon père, et cela m'a si profondément marqué que j'ai perdu la foi. Dès lors, j'ai cessé de croire que Dieu pouvait me venir en aide.

J'ai été élevé dans la religion chrétienne. Ma mère était catholique, mais s'est convertie au protestantisme évangélique, comme de très nombreux fidèles en Amazonie. Le dimanche matin, nous allions tous à l'église, et j'aimais ces moments de communion familiale. Avant le culte, j'étais même assidu aux cours de l'école biblique, pendant que mes copains allaient jouer au foot.

Mais, ce jour-là, le jour de la mort de mon père, mon âme s'est brisée.

Je suis devenu un homme cartésien, intransigeant, voire indifférent aux gens et aux événements extérieurs. J'ai fini par être qualifié d'insensible. À juste titre.

J'ai donc dû faire un gros effort sur moi-même pour entamer cette conversation primordiale. J'ai dû libérer mon âme, emmurée depuis si longtemps dans le deuil de mon père, pour rétablir le lien, jouer cartes sur table, dire précisément quand, où et pourquoi il avait été rompu.

« Dieu, tu sais à quel moment je me suis éloigné de Toi. »

Humblement, je ferme les yeux, laisse couler mes larmes et je Le supplie avec ferveur et sincérité de m'entendre. Parce que c'est moi qui, à l'époque, avais cessé de l'écouter, et cela avait été le pire moment de ma vie, car je subissais une double perte : celle de mon père et de ma foi en Dieu.

À présent, je l'exhorte : « Si telle est Ta volonté maintenant, fais en sorte que je puisse sortir d'ici et revoir ma famille. »

Avec humilité, en Lui confiant ma faiblesse et ma plus grande blessure, je commence à m'expliquer avec Dieu, comme je le ferais avec un ami. Petit à petit, je laisse remonter les sentiments que j'ai enfouis en moi.

Le souvenir de la mort de mon père ouvre douloureusement les vannes de mes émotions. Je me sens brisé.

« Comment mourir ici ? Si je dois mourir de faim, cela prendra des semaines, et je ne veux pas avoir à traverser cette souffrance. »

« Mon Dieu, si je dois mourir ici, envoie un jaguar et je ne me défendrai pas. Je jetterai mon couteau, et le laisserai m'attaquer et m'emporter. »

« Emmène-moi auprès de mon père. Emmène-moi, mais ne me laisse pas souffrir ici. »

Le fait de prendre conscience que je préfère mourir plutôt que de rester là est si violent que cela déclenche une autre décharge électrique. J'en suis bouleversé.

Alors je me mets à prier de toutes mes forces : « Tout ce que je veux, c'est voir ma famille, m'asseoir avec ma mère et la regarder préparer ses délicieux repas, discuter avec mes frère et sœur, rire de nouveau avec eux. »

Et soudain, au lieu de me résoudre à la mort, en souhaitant qu'un jaguar me dévore sans trop me faire souffrir, je commence à L'implorer pour qu'Il ne me laisse pas mourir là.

« Tu connais mon cœur, Tu sais à quel moment j'ai cessé de croire en Toi, Tu connais le jour où j'ai perdu ma foi. Et j'en ai de nouveau besoin… Seul, je n'y arriverai pas… Redonne-moi la foi ! Redonne-moi mon âme, car, seul, je ne peux pas sortir d'ici. J'ai essayé, cette forêt m'a déjà mis à terre. Rends-moi ma foi… ! »

Voilà. J'admets que j'ai besoin de la foi pour retrouver ma force vitale. En quelques secondes, les larmes qui jaillissaient du plus profond de moi cessent de couler. C'est comme si Dieu posait sa main sur ma poitrine et me soulageait d'une immense douleur.

Je n'ai pas à lutter pour regagner la foi. La seule chose que je dois faire, c'est ouvrir mon cœur. Et, dès que la foi y entre de nouveau, je me sens reconstitué, complet. Non pas physiquement – je suis toujours aussi affaibli ; mais spirituellement – je suis rempli de force.

Je veux sortir de cette forêt, mais j'ai déjà expérimenté que l'effort physique ne suffisait pas. Ma foi retrouvée et mon âme régénérée me donnent la certitude que, cette fois-ci, je réussirai.

Je passe la nuit à remercier Dieu.

Ces retrouvailles sont le point de départ d'un nouveau voyage intérieur. Durant notre dialogue, je me suis rendu compte que, pendant longtemps, j'ai seulement recherché l'argent, le succès, les possessions matérielles…

Trop souvent, nous nous intéressons à tout ce qui a trait à notre existence physique et négligeons la vie spirituelle. Nous sommes lestés par toutes sortes d'inquiétudes, de peurs ; toujours tracassés, jamais apaisés.

Mon chemin spirituel n'en est qu'à ses débuts, et ma foi sera mise à rude épreuve, mais j'en suis transformé. C'est comme si jusque-là j'étais endormi, inconscient, et que je me sois enfin réveillé…

Certes, il ne me reste que quelques petits pains, mais la foi me nourrira.

Certes, j'ai soif, mais la foi me désaltérera.

Certes, mon corps est endolori, mais la foi me soulagera.

On ne peut pas dépasser ses propres limites si l'on cède à la peur. Pour être capable de la surmonter et d'affronter les défis, de lutter au quotidien, on a besoin de cette nourriture divine en laquelle on puise la force nécessaire pour continuer.

Après tant d'angoisse, il est temps d'avoir confiance. Pour moi qui suis perdu dans la forêt autant que je l'étais dans ma vie, la foi retrouvée est une nouvelle boussole.

Pour survivre, il me faut de l'eau, du feu et de la nourriture ; mais pas seulement… Dans cette terrible épreuve, mon âme et mon esprit – ou tout autre nom que l'on donne à ce qui nous lie à Dieu et au monde invisible – ont été ébranlés. Cependant, je ne parviens pas encore à en prendre conscience. On ne voit pas grand-chose dans les ténèbres.

J'ai entendu une fois un chaman d'une tribu indienne d'Amérique du Nord expliquer que, tout au long de notre vie, soit nous franchissons des portails, soit nous tombons dans des trous. La décision de passer par un portail ou de tomber dans un trou ne dépend que de nous.

Si nous laissons les pensées négatives nous corrompre, nous tomberons dans le trou. Mais, si nous abordons les difficultés comme une occasion de regarder en nous-mêmes, de nous poser les vraies questions et de prendre soin de nous, alors nous franchirons le portail. C'est pour cela que nous devons nous connecter à notre foyer spirituel et, à l'instar des aigles qui voient le monde depuis le ciel, prendre de la hauteur pour appréhender la situation dans sa totalité.

Au moment où tout semble s'écrouler, nous résigner à l'impuissance n'arrangera pas les choses. Nous ne pourrons nous aider nous-mêmes qu'en refusant de jeter l'éponge. L'espoir est dès lors une force de résistance.

Dans le chamanisme, il y a un rite de passage à l'âge adulte appelé « la quête de vision ». Il consiste pour l'initié à rester seul dans la forêt pendant plusieurs jours, sans eau, sans nourriture, sans protection. Lorsqu'il en revient, il n'a plus la même vision du monde qu'avant, car le fait d'avoir affronté ses peurs et lutté pour sa survie a agi sur lui comme un dévoilement.

Ce rite est imposé aux adolescents par les Kayapos, un grand peuple indien du sud de l'Amazonie. Dans ses Mémoires, le cacique Raoni Metuktire raconte : « J'avais 15 ans quand mon père m'a envoyé pour la première fois seul dans la forêt. Quarante jours durant, j'ai dû affronter la nature sauvage pour devenir un guerrier. Dans une solitude complète, j'ai traversé l'épreuve la plus difficile de ma vie. » Passage réussi. Le jeune chef est devenu un guerrier non pour tuer les hommes des tribus voisines, mais pour défendre son environnement menacé par la déforestation.

Après avoir fait la paix avec Dieu, je me sens prêt, comme les jeunes Indiens kayapos, à entreprendre mon grand voyage dans la forêt et à affronter ses périls.

8.

Les avions ont cessé de me rechercher. Peu m'importent les difficultés qui m'attendent. Alors que je quitte mon abri, j'ai la certitude cette fois-ci que je ne reviendrai pas en arrière.

Mon nouveau plan est le suivant : marcher en suivant le soleil, cap à l'est. J'ai besoin de voir le soleil se lever le matin : ce sera ma Croix du Sud[1]. Souvent, les gens qui se perdent en forêt finissent par tourner en rond, car ils ne prennent pas de points de repère extérieurs et ne suivent pas de direction précise.

Avant même de mettre mon plan à exécution, je dois relever un défi de taille : sortir de là où je suis ! La forêt est extrêmement touffue, et les lianes sont plus hautes que moi. Je finis par m'y frayer un passage, mais je suis couvert d'égratignures. Il est temps que je m'habitue

1. La Croix du Sud est une constellation de l'hémisphère Sud dont les étoiles très brillantes servent à déterminer la direction du pôle Sud céleste (de même que l'on se réfère à l'étoile Polaire dans l'hémisphère Nord pour repérer la direction du pôle Nord céleste).

à encaisser les coups si je veux avoir l'occasion de raconter cette histoire un jour.

Six jours ont passé depuis l'accident. Pendant ma première journée de marche, je monte et descends trois chaînons de montagnes avant d'atteindre une zone plus ouverte, où je me déplace plus aisément. En revanche, il m'est de plus en plus difficile de garder le soleil comme point de mire, de sorte qu'au bout d'un moment je ne sais plus si j'avance dans la bonne direction. Je marche pendant cinq pénibles heures sans m'arrêter.

Après plusieurs jours d'une immobilité relative, je dépense beaucoup d'énergie sans y être vraiment préparé. Je sens que je commence à me fatiguer, mais je ne ralentis pas le rythme. Je finis par m'arrêter au sommet d'une colline et, soudain, je sens mes jambes et mes mains se figer… Je suis en hypoglycémie. Je n'ai rien avalé de la journée et j'ai fourni de gros efforts.

J'ai besoin de m'asseoir, de respirer et, d'un seul coup, tout devient noir. Je ne sais pas pendant combien de temps j'ai perdu connaissance, mais, quand je reviens à moi, je suis dans la même position.

C'est à ce moment que je me souviens de ma canette de soda. C'est la dernière qui me reste, et j'avais prévu de la boire dans trois jours. « Non, il faut que je la boive maintenant », me dis-je.

Je l'ouvre et l'avale d'un trait. En sentant le liquide sucré descendre dans ma gorge, je retrouve peu à peu mes esprits : je suis encore très faible, mais je commence à me sentir un peu mieux.

Je suis épuisé. Avant de me reposer, je dois toutefois accomplir une tâche qui me paraît herculéenne : construire mon abri, même sommaire. Je dois aussi allumer un feu. Je mets trois heures à faire les deux. Je ne sais pas comment j'y parviens.

Je passe la journée du lendemain à récupérer mes forces. Une journée pendant laquelle le doute revient distiller son poison dans mon esprit.

Je ne sais pas comment économiser mon énergie ni comment la canaliser. Ne pas la dépenser d'un coup… Ce serait ça, le secret ? Ce jour de repos forcé est horrible. À mon sens, c'est du temps perdu.

Moi qui ai tendance à ne pas écouter mon corps quand il me signifie qu'il a besoin de repos, à ignorer ses avertissements, cette marche forcée de trente jours me permettra de comprendre une chose : je dois être réceptif à ses messages, comme à ceux envoyés par l'environnement. C'est vital. Je dois reconnaître et respecter mes limites.

Le lendemain, je me remets en route. J'avance de manière plus confiante et plus réfléchie. À pas réguliers. Ni trop rapides ni trop lents.

Les *igarapés*, en plus de me désaltérer, m'indiquent aussi le chemin à prendre, parce qu'ils s'écoulent vers de plus grandes rivières qui elles-mêmes se jettent dans le río Parú, un affluent de l'Amazone. C'est pourquoi je dois marcher vers l'est, en direction du río Parú, où j'aurai plus de chances de rencontrer des hommes.

Je me rends vite compte que, si mon plan initial suit une certaine logique, il n'est pas toujours simple à mettre en pratique. Parfois, le temps est couvert et je ne vois pas le soleil. Un matin, une brume tenace s'obstine à me le cacher. Impatient de me mettre en route, je pars quand même – et je marche des heures dans la mauvaise direction. Depuis cette mésaventure, j'attends toujours que le ciel se dégage.

Il m'arrive de patienter jusqu'à 10 heures du matin. J'enrage de tout ce temps perdu, car à la mi-journée, quand le soleil est au zénith, je ne distingue plus l'est de l'ouest. À cette heure, je commence déjà à réfléchir au lieu où je vais monter mon campement.

Je peux marcher jusqu'à 1 heure de l'après-midi, 2 heures au plus tard. Après, je suis moins confiant.

9.

Le neuvième jour est un tournant. Nous sommes le vendredi 5 février. Jusqu'à maintenant, je gardais les quelques morceaux de pain sauvés de la carlingue dans un sac en plastique. L'humidité a fini par les transformer en une sorte de bouillie infâme et moisie. Pour l'absorber, j'en retirais une petite partie qui me paraissait encore comestible et je la trempais dans l'eau. C'était très mauvais, mais je n'avais rien d'autre, et cette mixture me procurait au moins une fugace sensation de satiété.

Aujourd'hui, il ne me reste plus qu'un seul morceau de pain à peu près mangeable. L'instant où je le porte à ma bouche restera gravé dans ma mémoire. C'est un moment crucial, parce que je sais qu'à partir de maintenant je ne mangerai plus que ce que je trouverai au hasard de mon chemin, probablement des fruits. Ou alors je mourrai de faim. Je m'en remets soit à la chance, soit aux mains de Dieu.

Il faut que je garde confiance dans le fait que je trouverai de quoi me sustenter. Si mon énergie spirituelle est grande, mon organisme est affaibli par le manque de nourriture. Je pense que mon humeur serait beaucoup plus positive si mon estomac ne criait pas famine.

Parfois, je tombe sur les fruits d'un *breu branco*[1], qui ressemblent un peu à des litchis. Ils ont l'air appétissants, mais je n'en ai jamais vu de ma vie. Sont-ils comestibles ? C'est alors que je vois des singes s'en délecter. « S'ils sont bons pour les singes, ils le sont pour moi », me dis-je. Et, de fait, ces singes sont des gourmets : ces fruits sont délicieux, et j'en mange comme si c'était le meilleur repas de ma vie. Pourtant, ils ne parviennent pas à me rassasier.

À d'autres moments, je découvre des cacaoyers qui poussent à l'ombre de la canopée. La cabosse se brise facilement, son contenu est savoureux. Malheureusement, ces petits arbres ne sont pas faciles à repérer. Je trouve aussi des *taperebás*, ou *cajás* (en français « prunes mombins ») : ce sont des fruits de couleur jaune-orange, riches en vitamines, en fibres et en fer. Je peux en manger en toute tranquillité.

Un jour, j'ai l'heureuse surprise de tomber sur un œuf de tinamou géant, un oiseau dodu et timide de près d'un demi-mètre, que l'on entend, mais voit rarement. Il pond toujours au sol. Son œuf est de couleur turquoise et il paraît si délicat qu'on le croirait en porcelaine. Il ressemble à un œuf de Pâques peint par les enfants. C'est fascinant ! De ma vie, je n'ai jamais vu un œuf si beau, c'est presque un bijou. Il est deux fois plus gros qu'un œuf de poule. Voilà qui me fera un apport

---

1. Cet arbre à la senteur capiteuse a d'autres vertus, que j'ai déjà évoquées au chapitre 4 (voir la note 1 p. 41) et dont je reparle au chapitre 10 (voir p. 83).

de protéines opportun. Je l'ouvre pour vérifier qu'il ne contient pas de poussin, et je le gobe tout cru. Cette aubaine se reproduira trois fois au cours de mon périple.

De temps en temps, je cueille un petit fruit vert en forme de houblon dont je ne connais pas le nom. C'est ainsi que je survis, avec ce que la nature m'offre.

Les palmiers à açaï, « fruit qui pleure » en tupi, produisent de petites baies d'un violet très foncé, consommées par les populations amazoniennes depuis des siècles. Réputées pour leurs vertus nutritives et médicinales, elles sont aujourd'hui considérées comme un « superaliment ». C'est tout ce dont j'ai besoin. Malheureusement ces fruits sont inaccessibles, perchés trop haut pour que je puisse les cueillir. Et ceux qui sont tombés à terre sont soit pourris, soit accaparés par les singes qui en raffolent.

Cette nature qui peut se montrer si prodigue recèle aussi d'innombrables dangers.

Quand, en marchant, je vois des traces d'animaux inconnus, mon cœur se met à battre à tout rompre : elles signalent peut-être la présence d'un jaguar ou d'un autre prédateur. Mais je n'ai pas le choix, je dois continuer à avancer.

Je vois des fourmilières géantes qui font jusqu'à 20 mètres de diamètre. De grosses fourmis rouges tracent de larges chemins dans la forêt, comme une légion de guerrières qui dévorent tout sur leur passage. Je les évite soigneusement.

La fourmi la plus redoutable est la *tucandeira*. De grande taille (elle peut mesurer jusqu'à 3 centimètres), elle est aussi appelée « balle de fusil » en raison de son agressivité et de sa morsure extrêmement douloureuse. Ayant été piqué moi-même, je peux assurer que cela fait très, très mal. Dans certaines tribus amazoniennes, un rite de passage consiste à apposer ces fourmis pendant plusieurs minutes sur le torse ou le dos du jeune garçon ; ou alors, celui-ci doit s'accroupir un long moment à côté de la fourmilière. Cette épreuve redoutée a pour but de montrer l'endurance de l'initié face à la douleur.

Je fais aussi des rencontres moins périlleuses, mais très dérangeantes.

À la fin de mon deuxième jour de marche, je commence à construire mon abri quand un singe au petit visage et à la fourrure noire apparaît au-dessus de moi dans la canopée. C'est un singe-araignée, le plus grand d'Amazonie, pouvant peser jusqu'à 10 kilos. Il a des bras et des jambes interminables et surtout une queue tactile longue de 1 mètre qui lui sert à se suspendre aux branches des arbres. On le surnomme « l'acrobate de la forêt ».

Je découvre qu'il est extrêmement territorial. Il semble ne pas apprécier du tout que je prétende m'installer dans son périmètre. D'abord, il m'observe ramasser des feuilles de palmier. Puis il se met à pousser des cris stridents pour appeler ses congénères à la rescousse. Une bande d'une demi-douzaine d'individus arrivent de je ne sais où en se balançant de branche en branche.

Les singes me témoignent bruyamment leur désaccord – « hou, hou, hou ! » – et me suivent partout. Déterminés à m'empêcher d'établir mon campement, ils commencent à me jeter des branches. J'essaie de négocier : « S'il vous plaît, laissez-moi tranquille, laissez-moi travailler. » Je ne vais tout de même pas laisser tomber à cause d'eux ! Mais ils ne me connaissent pas : je suis tenace. Ayant trouvé plus têtu qu'eux, ils renoncent finalement à m'importuner.

Dans les semaines qui suivent, j'ai plusieurs fois affaire à ces importuns. À deux reprises, ils réussissent à détruire mon abri. Une fois, ils me lancent une grosse branche. Par chance, ils ne m'atteignent pas, parce que j'ai déjà tendu la corde récupérée dans le Cessna.

Je partage la vie de toutes sortes de singes. Comme le *macaco prego* (sapajou) à la tête blanche et au regard intelligent, ou le mignon *macaco-de-cheiro* (saïmiri) qui semble maquillé comme un clown.

Ces singes deviennent mes compagnons quotidiens. Pensez, cela fait déjà deux ou trois semaines que je n'ai pas rencontré un être humain. Parmi tous les habitants de la forêt, les singes sont ceux qui me rappellent le plus mes semblables.

La vue des perroquets au plumage flamboyant, comme l'ara rouge, m'enchante tous les jours. Malheureusement, même au cœur de la forêt, je n'ai jamais aperçu l'ara bleu, une espèce en voie de disparition, que le film d'animation *Rio* a rendu célèbre. Les toucans colorés, au bec démesuré, sont en revanche nombreux, et je peux entendre de loin leur cri perçant, peu en accord avec leurs plumes chatoyantes. Je suis également émerveillé par la beauté des papillons multicolores qui virevoltent autour de moi.

J'ai par ailleurs la surprise de découvrir des crabes en plein milieu de la forêt !

De toutes mes mésaventures, la plus curieuse est ma rencontre avec un *jabuti* (tortue charbonnière à pattes rouges). Certains mâles peuvent peser jusqu'à 20 kilos.

Chassée pour sa chair, cette tortue apparaît dans de nombreuses légendes amazoniennes comme le symbole de la ruse.

Je tombe par surprise sur l'une d'elles. Elle est de petite taille, et je décide tout de suite de la manger ! Dans l'État du Pará, à l'intérieur des terres, on consomme de la tortue, en la cuisant sur un brasero, la carapace tournée du côté du feu, jusqu'à ce que la chair soit à la fois tendre et bien à point. « C'est comme ça que je vais la préparer ! » me dis-je en me réjouissant à l'avance de ce festin inattendu.

C'est la fin de l'après-midi et, ce jour-là, je mets beaucoup de temps à construire mon abri. Je le monte uniquement avec des feuilles de palmier, parce qu'il n'y a pas de *sororoca* aux alentours ; j'utilise donc les sacs à gravats pour former le toit. Ne trouvant pas non plus de bois pour faire un feu, je remets à plus tard mon dîner de tortue. Je pose ma proie devant l'abri en la mettant sur le dos, certain qu'elle ne pourra pas se retourner et s'enfuir, et je tente de m'endormir.

Vers 10 heures du soir, j'entends un bruit étrange et je me lève, légèrement inquiet : c'est la tortue qui a réussi, je ne sais comment, à se retourner. Je la remets sur le dos.

Quelques minutes plus tard, j'entends le même bruit : ma tortue s'est de nouveau remise dans le bon sens. Je la replace sur le dos, elle se retourne. Ce petit jeu dure pendant un bon moment. « Ah non ! Tu ne vas pas t'échapper, toi ! » Je prends un des sacs blancs qui me servent de toit de fortune et je la glisse à l'intérieur. J'attache le sac à un arbre et je pousse un soupir de soulagement. Affaire réglée.

Il est un peu plus de minuit quand une pluie diluvienne commence à tomber. L'eau envahit ma hutte, et je finis par avoir besoin du sac dans lequel se trouve la tortue pour essayer de me protéger. Pour cela, je suis bien obligé de la libérer. En la laissant partir, je lui dis : « Hé, tortue, tu en as de la chance ! » C'est ainsi que la petite veinarde s'en sort indemne. Ce n'est pas encore aujourd'hui que je vais assouvir ma faim.

Souvent, j'entends un bruit étrange : « Voooo, voooo ! » Il me semble que quelqu'un appelle. Alors je prends un bâton et frappe contre le tronc des arbres en criant : « Au secours, au secours, à l'aide ! » Mais je n'obtiens aucune réponse. Je blâme mon interlocuteur invisible : « Pourquoi vous ne m'aidez pas ? » Avec le temps, je comprends qu'il ne s'agit en fait que du vent qui agite les frondaisons.

J'entends aussi des sons que je n'ai jamais perçus auparavant : les piaillements d'oiseaux inconnus, des branches qui tombent, des singes faisant des acrobaties d'arbre en arbre… Pendant la journée, j'observe, et j'associe ce que je vois avec les bruits que j'entends la nuit. Cela m'aide à ne plus en avoir peur.

Un jour, j'entends un « bang, bang », comme si un homme tapait avec un marteau sur une planche en bois pour construire une baraque. J'appelle au secours, le bruit s'arrête, ce qui m'intrigue. Je pense bien que cela doit être un singe, mais je ne peux pas me permettre de passer à côté d'une chance, même infime. C'est pour cela que je crie. Même si, chaque fois, c'est une nouvelle désillusion.

Je découvre plus tard que ce bruit provient de singes occupés à ouvrir des noix du Pará. Je ne sais pas quel est leur truc, moi-même je n'ai jamais réussi. Une fois, je prends deux grosses pierres et je cogne comme un forcené. Je n'arrive même pas à entailler la coque, tellement elle est dure.

Au fond de moi, je suis toujours inquiet. Mais je tente de me raisonner : « Si depuis le premier jour il y a ce vacarme et qu'il ne me soit rien arrivé jusqu'à maintenant, il n'y a pas de raison qu'il m'arrive quelque chose aujourd'hui. »

10.

Je suis né et j'ai grandi en Amazonie. J'ai une relation étroite avec la forêt, son écosystème, sa population humaine. C'est un territoire immense où vivent des tribus indigènes, ses premiers habitants arrivés, croit-on savoir, vers 6000 avant Jésus-Christ, et qui le partagent avec les *caboclos*, des descendants d'Indiens, de colons portugais et d'esclaves africains. Plus récemment, ils ont été rejoints par des vagues d'hommes et de femmes venus de l'aride sertão du Nordeste ou des favelas des grandes métropoles pour fuir la pauvreté en se lançant à la poursuite d'un eldorado qui n'était le plus souvent qu'un mirage – telle l'aventure éphémère du caoutchouc qui créa d'immenses fortunes, bâtit des villes et laissa sur le carreau une armée de miséreux.

J'ai pour grands-parents maternels une Portugaise et un *quilombola*, c'est-à-dire un descendant d'esclaves noirs qui se sont évadés des plantations où ils travaillaient, se sont réfugiés dans la forêt et ont formé des communautés libres appelées *quilombos*. Ils ont grandi dans l'intérieur, dans la région d'Alenquer, loin de Santarém. Mon grand-père était cueilleur. Ma mère m'a raconté qu'elle le voyait ramasser des noix du Pará et des fèves tonka, aux nombreuses propriétés aromatiques et médicinales, fruits d'un noyer au bois précieux appelé le coumarouma. Il pêchait aussi. Lui et sa famille menaient une vie simple.

Quant à mes grands-parents paternels, ils sont venus du Nordeste à la fin des années 1930, lors du deuxième boom du caoutchouc amazonien. Mon grand-père était un *seringueiro*, un ramasseur de latex qui s'enfonçait dans la forêt des journées entières pour « saigner » les hévéas.

C'était l'époque des rêves grandioses du pionnier de l'industrie automobile Henry Ford, qui avait bâti en pleine jungle la ville de Belterra selon les plans des *suburbs* américaines, avec leurs alignements de coquets pavillons. Comme sa sœur baptisée Fordlândia, cette cité se voulait moderne et exemplaire. Mais, pour les *seringueiros*, les conditions de travail dans la forêt étaient très dures.

Ce nouveau cycle du caoutchouc fut bref et cessa brutalement quand les Alliés reprirent aux Japonais les grandes plantations d'hévéas du Sud-Est asiatique, à la fin de la Seconde Guerre mondiale.

Mes quatre grands-parents étaient des gens modestes. Ils travaillaient la terre, en harmonie avec l'Amazonie. Ils habitaient dans une maison loin du centre, comme une famille traditionnelle. Ma mère a réussi à aller faire ses études à Belém, mon père à Rio de Janeiro. Ils se sont connus à Santarém, où mon père travaillait dans le marketing et ma mère, une grande nageuse, était professeur d'éducation physique. Elle vient de prendre sa retraite.

Leur parcours est typique de celui d'hommes et de femmes qui viennent de l'intérieur, sans moyens, mais qui ont tout misé sur l'éducation pour améliorer leurs conditions de vie. Comme eux, j'ai beaucoup lutté et travaillé pour suivre le chemin qui m'a amené à être aviateur.

Adolescent, j'accompagnais souvent mes parents dans les communautés de riverains du fleuve, appelés *ribeirinhos*[1], ou de *caboclos*, « ceux qui viennent de la forêt » en langue tupi.

En les écoutant le soir raconter leurs histoires, j'apprenais beaucoup, infiniment plus que dans les livres. Ce sont eux qui m'ont transmis leur connaissance ancestrale de la forêt, de ses ressources et de ses dangers. C'est grâce à eux que j'ai su l'apprivoiser et déjouer ses pièges.

Ces peuples traditionnels ont une connaissance empirique des richesses de la forêt, des arbres, des plantes ; tout un savoir séculaire qui leur a été transmis par leurs ancêtres.

Une nuit, un jeune *caboclo* m'a emmené dans la forêt. Pour la première fois, j'ai identifié l'odeur d'un jaguar – une odeur qui me pétrifiera lorsque je la reconnaîtrai pendant ma marche. J'apprends également à me méfier des cochons sauvages, très agressifs, qui attaquent en bande.

Les *caboclos* m'ont enseigné, notamment, les vertus du *breu branco*. J'ai déjà parlé de son fruit délicieux. Cet arbre est surtout connu pour sécréter une résine

1. Peuple traditionnel de l'Amazonie qui vit de pêche et de petit élevage.

aromatique de couleur blanche, qui s'utilise comme répulsif contre les insectes et les nuisibles. Récoltée de janvier à juin, elle est très recherchée par l'industrie cosmétique. Mais, pour moi, sa principale qualité est son inflammabilité (elle sert d'ailleurs à fabriquer des cierges). Si je n'avais pas appris cela, comment aurais-je eu l'idée de recueillir cette résine pour allumer mon feu ?

Ce sont aussi ces habitants de la forêt et des rives du fleuve qui m'ont donné ce conseil vital, que je suis à la lettre durant tout mon périple : ne jamais installer mon campement près d'une rivière. En effet, la proximité de l'eau est recherchée par les grands prédateurs de la forêt : le jaguar, le caïman noir et l'anaconda géant.

Le jaguar, plus grand félin du continent américain, une masse de 100 kilos de muscles au pelage beige tacheté, ne parcourt pas de longues distances pour chasser. Il se dissimule près d'un cours d'eau, à l'affût, prêt à fondre sur sa victime quand elle vient s'abreuver. Une nuit, je suis terrorisé quand, blotti dans mon abri, je perçois un relent de charogne, qui signale peut-être un jaguar qui vient de dévorer une proie. Par chance, le fauve ne sent pas mon odeur : la direction du vent joue probablement en ma faveur.

Les premiers temps, j'ai très peur, je garde toujours mon pieu à portée de main. Mais, au fur et à mesure, je deviens fataliste. Je me suis fait une raison : « S'il m'attaque, je n'y peux rien. »

Le caïman d'Amazonie, à la peau noire et écailleuse, vit le plus souvent immergé, et seuls ses yeux rouges affleurent à la surface de l'eau. Quand il saisit sa proie, il la noie avant de l'avaler en entier. Il mange des poissons, des tortues, de gros rongeurs. C'est un monstre qui mesure de 4 à 5 mètres et pèse 1 tonne. Il s'attaque même au redoutable anaconda, appelé *sucuri* en Amazonie. Celui-ci peut mesurer plus de 8 mètres et peser 200 kilos. Il rampe dans les terrains marécageux ou nage à moitié immergé. Comme le caïman, il attire sa proie sous l'eau et la noie.

Je suis vigilant, mais pas trop inquiet parce que, en raison de leur taille, le caïman et le *sucuri* ont besoin d'une vaste étendue d'eau pour chasser. Ils délaissent les petits *igarapés* que je traverse, où ils ne trouvent pas de quoi se nourrir.

C'est ainsi que, grâce au savoir que m'ont transmis les gens de la forêt, je n'ai jamais eu à faire face à ces effrayants prédateurs. Pas même à la *boiúna*, la « maîtresse des eaux », un serpent gigantesque à la peau noire et luisante qui reflète les rayons de la lune. Selon la mythologie brésilienne, la *boiúna* a un double visage : elle protège les fleuves et les rivières, mais elle peut aussi les rendre furieux et faire chavirer de grands bateaux. Je n'ai pas non plus rencontré Curupira, un petit être légendaire aux cheveux rouges et aux dents vertes, qui a les pieds inversés pour tromper ses poursuivants. C'est l'ange gardien de la forêt, il veille sur elle et défend sa faune, tuant les braconniers et ceux qui chassent par plaisir et non par nécessité.

De nombreux mythes amazoniens sont des fables écologiques avant l'heure : il ne faut prendre à la forêt que ce dont on a besoin pour vivre. Pas plus. Sinon, on s'expose à la mort. En me remémorant ces légendes, je me dis, amusé : « Ça va, avec ce que je prends à la forêt, je ne risque pas d'offenser la *boiúna* ou Curupira… »

J'échappe également aux féroces piranhas, aux dents acérées comme des rasoirs, qui attaquent en bandes de plusieurs centaines d'individus. Ils s'en prennent généralement à d'autres poissons, qu'ils dévorent entièrement en quelques secondes. J'ai l'habitude de pêcher et je sais plus ou moins où ils rôdent. Évidemment, ils vont là où ils ont le plus de chances de trouver de la nourriture, c'est-à-dire, comme les anacondas, dans les grandes rivières. J'évite donc de nager dans les grands cours d'eau (je ne le ferai que le tout dernier jour de mon périple, parce que je n'aurai pas le choix). En réalité, ils attaquent rarement l'homme.

Je marche en faisant du bruit. Je me suis muni d'un solide bâton avec lequel je frappe les ronces et les lianes pour me frayer un passage. Je m'en sers aussi pour cogner régulièrement sur le tronc des arbres : je dois signaler ma présence aux animaux pour qu'ils s'éloignent. Si je m'approche en silence, je risque de les surprendre, et ils pourraient m'attaquer par instinct de défense.

La sagesse me dicte de respecter la forêt et les animaux qui sont là depuis bien plus longtemps que moi. Pour ne pas provoquer l'hostilité d'un environnement inconnu, il faut être humble et savoir rester à sa place.

Mon approche bruyante fait fuir les serpents venimeux. Je ne sais pas à quoi ils ressemblent, je ne leur cours pas après… J'entends seulement le froissement des feuilles. Je crains par-dessus tout d'être mordu par un crotale cascabelle ou un serpent corail, les plus dangereux.

En revanche, je vois souvent des agoutis (rongeurs de la taille d'un gros lapin) et des capybaras (rongeurs de la taille d'un mouton, qui aboient comme des chiens et vivent dans des zones semi-aquatiques). Il m'arrive aussi de croiser des cerfs et d'apercevoir de nonchalants paresseux suspendus à l'envers, suivant leur habitude, sur les hautes branches des arbres.

La vision brouillée par la faim, je me représente tous ces animaux sous la forme de délicieux rôtis à la braise. J'ai même l'impression de humer l'arôme de la viande grillée, mais c'est juste mon imagination qui me joue des tours. Je ne sais pourquoi – un souvenir d'Afrique, sans doute – j'ai également des envies de méchouis ou de couscous…

Je ne tente jamais de fabriquer des pièges, pour la bonne raison que je ne sais pas comment faire. Je n'essaie pas non plus de chasser. Cela me ferait perdre du temps et me détournerait de mon objectif : avancer, toujours avancer. En plus, dès mon deuxième jour de marche, je casse mon couteau en coupant une branche pour monter mon abri. C'est une perte terrible, car il me servait aussi d'arme de défense. Je n'ai plus que mon couteau suisse et je ne me vois pas tuer un animal avec sa petite lame.

Je me rappelle que tous les pilotes ici me disaient : « Quand tu voles, ce n'est pas la peine de prendre un gros sac, mais aie toujours sur toi un couteau suisse, une lampe et un briquet. »

Effectivement, sans ces trois objets ordinaires, je n'aurais pas survécu.

11.

Ma sœur Mariana est ingénieure environnementale. Elle m'a souvent parlé de l'Amazonie, mais il ne m'était jamais venu à l'esprit qu'un jour je connaîtrais la forêt si intimement. Aujourd'hui encore, elle est ignorée des Brésiliens, sinon pour ses richesses à exploiter. On pense souvent qu'il s'agit juste d'une immense étendue plane, couverte de hauts arbres et parcourue de longs fleuves majestueux.

Eh bien, non ! La forêt amazonienne n'est pas que cela.

Il est vrai que tout en Amazonie est superlatif. On nous enseigne à l'école que la plus grande forêt tropicale de la planète a une superficie de 5,5 millions de kilomètres carrés, soit la moitié de l'Europe tout entière, et qu'elle s'étend pour l'essentiel au Brésil, mais aussi sur huit pays voisins. Et, avec fierté, les petits Brésiliens apprennent que l'emblématique Amazone est le plus long fleuve du monde, qui s'écoule sur près de 7 000 kilomètres et qui est irrigué par plus d'un millier d'affluents.

On sait également qu'elle joue un rôle essentiel contre le réchauffement climatique, que sa biodiversité est unique au monde et que son écosystème est d'une richesse exceptionnelle. On y trouve des forêts de *terra firme* (terres élevées que n'atteignent jamais les crues et qui restent sèches toute l'année), des *várzeas* (forêts inondées seulement en période de crue), des *igapós* (forêts immergées en permanence), de hautes collines et des vallées, des ruisseaux puissants comme des torrents de montagne et des rivières larges comme un bras de mer… Cette incroyable variété de terrains et de végétation dont on m'a parlé en cours de géographie, je l'endure – et parfois je l'admire – pendant mes jours de marche.

Les plus hauts arbres poussent dans les forêts de *terra firme*, qui s'étendent sur la plus grande partie de l'Amazonie. C'est là que l'on rencontre *Dinizia excelsa*, au tronc élancé, qui domine tous ses voisins : un de ces géants, répertorié comme l'arbre le plus grand d'Amazonie, atteint 88 mètres.

On y voit aussi les majestueux châtaigniers. Les plus anciens sont nés avant même l'arrivée des premiers explorateurs portugais il y a cinq cents ans. Du haut de leurs 60 mètres, les plus grands semblent flirter avec le ciel. Surnommés « les rois de l'Amazonie », les châtaigniers qui ont traversé les siècles sont aujourd'hui classés parmi les espèces menacées par la déforestation. Un triste symbole des dommages causés par l'homme à la plus grande forêt tropicale du monde.

La zone proche des rivières est très humide, la forêt y est dense, avec des marécages, des arbres aux racines immergées, des palétuviers. Ce sont des lieux sombres et lugubres où le soleil perce faiblement. La biodiversité y est telle que je suis sans cesse étonné de découvrir tant de nouveautés.

Un jour, je tombe sur une mangrove de boue grise, dans laquelle, au moindre faux pas, je me serais enfoncé jusqu'aux genoux.

Dans les zones de mangroves et de marécages, la marche est entravée par un fouillis de lianes entrelacées qui se fixent dans le sol et s'élèvent jusqu'à la canopée. Elles ne laissent aucun espace pour passer, aucune brèche. Il faut les contourner. Le terrain est instable, je dois avancer en frappant les lianes, je n'ai aucun moyen de les couper. Quand je les écarte, des poignées de termites, d'araignées et de fourmis me tombent dessus – dont la redoutable *tucandeira* déjà évoquée, dont j'ai fait la pénible expérience.

Même si je me sens plus fort maintenant, je me suis rendu à cette évidence que, pendant cette marche, je devrai compter avec deux compagnes de voyage qui ne me lâcheront pas : la douleur et la faim.

Je ne souhaite à personne de devoir vivre avec la douleur. Il faut certes savoir reconnaître ses propres limites, mais je refuse de ralentir mon pas, je ne peux pas me le permettre. Je dois mobiliser toutes mes forces, toute ma résistance pour continuer.

C'est cela, ma réalité. Je me fais piquer par une guêpe, je n'ai pas le temps de m'arrêter pour pleurer sur mon sort. Je dois continuer, car plus je marche, plus je me rapproche de ma famille.

Le jour où je suis parti sans voir le soleil et me suis aventuré dans la mauvaise direction, je ne sais quelle bestiole – araignée ou scorpion – me pique. Je crie et tente de me débarrasser de mon agresseur, mais je ne le vois pas. Je remarque immédiatement sur mon bras une marque rouge avec un gros trou de morsure. La douleur est vive, irradie et se répand dans tout mon corps. Le poison contracte mon diaphragme et bloque ma respiration, mes muscles sont tétanisés. Au moindre mouvement, j'ai mal partout.

Je m'assieds et tente de gérer la douleur. Je sais que, lorsqu'on se fait piquer par un insecte ou un animal venimeux, il faut rester calme pour que le poison se répande moins rapidement dans le corps. J'essaie de me détendre, mais la douleur ne s'estompe pas. C'est insupportable !

Depuis l'accident d'avion, mon corps est meurtri. Ce jour-là, je m'abandonne presque à la douleur.

Mais le plus dur reste à venir : le lendemain, quand je reprends ma route, j'arrive à un endroit où pousse une sorte d'herbe qui ressemble à du bambou, très haute, bien plus grande que moi. Le seul moyen de me frayer un chemin est de la couper : quasiment mission impossible sans machette. Pour passer, je dois frapper cette herbe avec un bâton jusqu'à ce qu'elle casse.

Je fais face tous les jours à ce genre de défi. Mais, cette fois, c'est pis que tout. Au milieu de cette herbe, des lianes très épaisses forment un treillis infranchissable. La tâche devient encore plus ardue. Tout ce que je peux faire, c'est frapper le pied des lianes pour essayer de les casser et de passer par-dessus. Mais ces plantes sont hérissées d'épines, plus grosses que celles d'un rosier. Ici, on les appelle *unhas de gato* (griffes de chat). Elles portent parfaitement leur nom. À chaque coup donné, les épines m'entaillent l'avant-bras. Chaque fois, je me blesse et saigne un peu plus.

Je frappe comme un forcené, jusqu'à faire plier la liane. Ensuite, j'avance d'un pas. Puis d'un autre. Je ne sais pas combien de fois je dois répéter cette opération. Je redonne des coups jusqu'à pouvoir faire un pas de plus. La piqûre des épines me fait extrêmement mal. Plus j'avance dans les ronces, plus les épines deviennent pointues.

« Je ne vais pas y arriver. » Je supplie Dieu de m'aider.

Dans les épreuves de la vie, dans les moments où tout semble conspirer contre vous, l'essentiel est de pouvoir mettre un pied devant l'autre, même si cela fait mal, même si tout vous donne envie de laisser tomber.

Une petite voix intérieure me souffle : « Tu veux retrouver ta famille ? Tu veux revoir ta mère et tes frère et sœur ? Voici le chemin. » Alors je rassemble mes forces et continue.

À cet instant, j'ai l'impression de capter les prières des gens qui veillent constamment pour que je sois retrouvé. Je suis convaincu de la réalité et de l'efficacité de cet échange d'énergies spirituelles. Je me sens soutenu par les pensées de toutes les personnes qui, émues par mon histoire sans même me connaître, forment des vœux pour que je sois sauvé.

Ce jour-là, j'affronte les pires difficultés le ventre vide. Je n'ai rien mangé depuis trois jours. La faim est une douleur qui m'élance et se répand dans tout mon corps. Elle vient par vagues. Je n'en souffre pas tout le temps. Tant que je marche, que je fournis un gros effort physique, je ne l'éprouve pratiquement pas. Elle surgit lorsque j'essaie de me reposer : dès que je m'allonge, mon estomac se creuse et se tord de crampes. Dans ces moments, une autre petite voix me murmure à l'oreille : « Où est-il donc, ce Dieu qui est censé t'aider ? »

Puis je me persuade que je vais sortir de cette situation, retrouver ma famille et raconter mon histoire à tout le monde ; alors une vague d'optimisme et d'espoir me réchauffe le cœur pour un instant. Je psalmodie : « Merci, Dieu, Tu es bon ! Merci, Dieu, d'être à mon côté. » Si la faim s'intensifie, je grimace de douleur, mais me répète en boucle : « L'homme ne vivra pas seulement de pain, mais de toute parole venant de Dieu. »

En dernier recours, je décide de ne plus jamais m'apitoyer sur mon sort, de faire preuve d'une volonté morale qui me tiendra lieu de nourriture pour l'esprit et d'exercice pour ma foi. Choisissant la gratitude plutôt que la rancœur, je dis tout haut : « Dieu, merci ! Tu es bon ! » Évidemment, cela ne fait pas disparaître la douleur ni la faim, mais cela m'apaise et renforce ma détermination à faire face. Je suis épuisé, mais, si je reste planté là, je n'atteindrai pas mon but. Mon corps me murmure constamment que je ne vais pas y arriver. Si je me laisse aller à le croire, je ne pourrai pas me relever et me laisserai mourir de faim.

Je pense à tous ces gens qui passent la nuit dehors, que l'on traite de clochards parce qu'ils se couchent à même le sol. Depuis que j'ai vécu dans ma chair à quel point la faim nous prive de nos forces, et que s'allonger est une façon d'économiser son énergie, je souffre dans mon âme de l'injustice faite à ces personnes. Aucun être humain ne mérite d'être affamé ! Et je me demande : « Combien de fois n'ai-je pas suffisamment apprécié d'avoir une assiette pleine en face de moi ? »

Nous devons être le plus reconnaissants possible du privilège de manger à notre faim. Nous devons être reconnaissants de dormir dans un lit propre et sec. Reconnaissants de ne pas être dans la rue, souffrant de faim et de froid.

Sans l'amour que je porte à ma famille et la foi qui m'accompagne, je crois que je resterais prostré là.

Parfois, mon abri est précaire, je demande à Dieu qu'il ne pleuve pas cette nuit-là. Et, bien sûr, il se met à pleuvoir à verse !

Pendant ces nuits pluvieuses, il m'est presque impossible de m'endormir. Je suis trempé, je reste assis, en serrant les jambes et en protégeant mes affaires du mieux que je peux. Le lendemain matin, elles sont à essorer, et moi de même. De telles nuits mettent ma confiance en Dieu à rude épreuve.

Pourtant, le jour où je me suis réconcilié avec Lui, j'ai compris que tout ce que j'avais désiré auparavant était vain et superflu. Je suis affamé, en plein milieu de la forêt amazonienne, mais je me sens en paix.

12.

Escalader une montagne. À la moitié de l'ascension, se rendre compte qu'on ne peut pas aller plus loin. Demander de la force pour continuer. Voilà mon quotidien.

Je dois avoir la certitude de pouvoir sortir de là. Je ne sais pas combien de temps cela prendra, mais je répète sans cesse : « Je ne sais pas quand, mais cette marche va me permettre de retrouver ma famille. »

J'en suis intimement, absolument convaincu : je réussirai.

J'ai toujours été quelqu'un d'optimiste, trop même ; je suis de ceux qui croient que le pont va apparaître sous leurs pieds et qui l'enjambent sans même le voir. C'est ce trait de caractère qui m'a permis d'ouvrir mes commerces en faisant fi des difficultés. Malgré les obstacles rencontrés, je ne me suis pas laissé abattre, et j'ai continué de croire que les choses pouvaient changer, que le vent tournerait en ma faveur.

Être optimiste, ce n'est pas être naïf. Au contraire, c'est puiser dans l'énergie que nous avons en nous la combinaison d'une foi inébranlable et d'un esprit rationnel. Car il ne sert à rien de croire de tout notre cœur si nous laissons les pensées négatives contaminer notre mental.

Mon optimisme me permet de renforcer mon esprit, mon corps et mon âme pour atteindre mon objectif : sortir vivant de la forêt. L'optimisme n'est pas un déni des difficultés, c'est simplement le fait de garder à l'esprit que celles-ci sont passagères. Rien ne dure éternellement.

Souvent, après une longue marche épuisante, j'atteins le sommet d'une chaîne de hautes collines, et tout ce que je vois devant moi, c'est une autre immense étendue verte. Je me dis : « Ce n'est pas pour cette fois-ci, mais ce sera pour la prochaine. » Jour après jour, je n'ai qu'un but en tête : marcher jusqu'à ce que je trouve un bon endroit où construire mon abri pour la nuit.

Bien évidemment, je pense aux épreuves qui peuvent survenir. Mais ces pensées sapent ma confiance, me font élaborer des scénarios catastrophe qui ne font que miner mon énergie inutilement. C'est bien souvent la peur de ce qui pourrait survenir qui nous empêche d'avancer ; même si, la plupart du temps, elle est sans objet.

Durant tous ces jours passés dans la forêt, j'évite donc de penser à tout ce qui pourrait m'arriver de néfaste. Je ne pense ni à la vallée devant moi, ni aux lianes, ni aux insectes. Je pense encore moins à la probabilité que je ne sorte jamais de là. Je laisse ça de côté pour plus tard.

Je veux plus que tout retrouver ma famille, et je sais qu'aucune barrière, aucun obstacle ne sera plus fort que mon désir de les embrasser de nouveau.

C'est dans les moments où j'ai mal, où je saigne, où j'ai froid, ou quand il pleut, que je remercie le plus ardemment Dieu d'être en vie.

Avez-vous déjà remarqué combien il est facile de se plaindre et d'avoir tendance à voir le verre à moitié vide ? Lorsque les choses vont mal, nous oublions à quel point nous sommes chanceux d'avoir une bonne santé physique, mentale et spirituelle, d'être en vie ou même d'avoir la possibilité de vivre un jour de plus. Pourtant, c'est en nous souvenant et en étant reconnaissants de cela que nous trouvons la force de surmonter l'adversité.

Au cours de cette marche, je comprends que plus je me heurterai à des difficultés, plus j'aurai la capacité et le courage d'y faire face.

À certains moments, en regardant l'immensité devant moi, je ne peux m'empêcher de penser : « Mon Dieu, il reste encore tout ça à parcourir ? » Inévitablement, le découragement s'abat sur moi. Mais, aussitôt, une petite voix me dit : « Maintenant, regarde derrière toi. » Alors je me retourne et j'éprouve une petite satisfaction en constatant que je suis déjà loin de mon point de départ.

On s'inquiète souvent de l'avenir. On en néglige de mesurer le chemin parcouru jusque-là. Mais, lorsque l'on regarde en arrière et que l'on fait le compte de tout ce que l'on a déjà accompli, on reprend confiance pour aller de l'avant. On se rend compte que la force que l'on a déployée par le passé pour atteindre ses objectifs nous aidera à surmonter les prochains obstacles.

13.

Dans la forêt, les jours se suivent et ne se ressemblent pas – ou se ressemblent. Il serait facile de perdre la notion du temps. Par chance, ma montre de pilote fonctionne parfaitement. C'est ainsi que je connais toujours la date et l'heure.

Tous les matins depuis l'accident, encore allongé dans ma hutte, je regarde vers le ciel et j'ai la canopée pour seul horizon. J'ai le sentiment étrange qu'en fait c'est la forêt qui m'observe. Cette impression restera gravée dans ma mémoire.

Au début, cela m'effraie. Mais, peu à peu, je finis par apprécier cette sensation.

Certains matins, je suis réveillé par le chant unique de l'*uirapuru*, un petit oiseau gracieux au plumage vert, jaune et rouge. Il ne chante qu'au lever du soleil, quand il construit son nid. Sa voix a une sonorité extraordinaire et s'entend de très loin.

« Quand il chante, la forêt devient silencieuse », affirme-t-on en Amazonie avec conviction. Son chant est si mélodieux que le vent, les animaux et les plantes se taisent pour l'écouter. Les autres oiseaux se réunissent autour de lui et, quand il s'envole, ils le suivent pour profiter encore de ses vocalises.

Parfois, la nuit, sous le coup de l'épuisement et de la faim, je perds connaissance. Mais, le lendemain, je me réveille en forme. Une fois debout, j'attends que le soleil apparaisse, comme je l'ai déjà raconté.

Avant de me mettre en route, tous les jours, je prie : « Dieu, je Te remercie de cette nouvelle journée. Je Te remercie des victoires et des défaites. »

Je prie pour ma mère, pour qu'Il la protège, qu'Il lui insuffle Son esprit de paix et de réconfort et qu'Il lui murmure à l'oreille que son fils est vivant et en chemin.

Je prie pour qu'Il envoie force et sagesse à mon frère et à ma sœur pour qu'ils arrivent à gérer ma disparition. Je prie aussi pour mes nièces et la famille de ma sœur. Qu'Il l'aide à prendre conscience de sa propre force et lui offre réussite et prospérité. Je me rappelle alors l'étreinte de ma mère, de mon frère et de ma sœur, et je me dis que, plus j'avance, plus je me rapproche d'eux.

Puis je pars, le ventre vide. Quand, sur ma route, je trouve un fruit, je le dévore aussitôt. Je ne garde rien pour plus tard. Une fois seulement, je ramasse une cabosse de cacao et l'emporte en prévision de mon repas du soir.

Je ne peux pas non plus me laver. Comme j'établis toujours mon campement sur une hauteur, je dois descendre jusqu'à un cours d'eau pour faire une toilette rapide. Quand je tombe sur un ruisseau plus profond, je me lave le visage, les mains, les pieds et le cou.

Une fois parti pour une nouvelle journée de marche épuisante, je chante à tue-tête afin de me mettre du baume au cœur. J'ai deux chansons favorites que je trouve très appropriées à ma situation. La première, *Ô soleil*, du chanteur populaire Vitor Kley, commence ainsi :

> Ô soleil,
> Ne m'oublie pas
> Et illumine-moi,
> J'ai besoin de toi ici.

La seconde est d'une chanteuse évangélique très connue, Aline Barros. Quand mon moral est bas, j'entonne *Rompendo em fé* (« Une explosion de foi »). Ses paroles me réconfortent :

> Chaque fois que ma foi est mise à l'épreuve,
> Tu me donnes une chance de grandir un peu plus.
> Les montagnes et les vallées, les déserts et les mers
> Que je traverse me rapprochent de Toi.

Quand je ne chante pas, je me lance parfois dans un monologue, et d'une certaine manière c'est divertissant. Je papote et plaisante, et parfois je m'imagine être un de ces personnages de film qui s'inventent un ami imaginaire pour tromper leur solitude.

Et seul, je le suis désespérément.

J'essaie aussi de m'amuser quand la marche est plus aisée. Il m'arrive de jouer à Tarzan et de me balancer sur une liane pour passer un ruisseau ou des terres inondées.

En traversant les *igarapés*, si je vois que l'eau coule bien et qu'elle est propre, je vide mes bouteilles pour les remplir d'eau fraîche. Je bois le plus souvent possible, mais chaque fois avec parcimonie. Je suis tout le temps un peu déshydraté. L'effort physique, la chaleur, l'humidité me font perdre beaucoup d'eau. J'ai l'impression d'être en permanence dans un sauna.

L'eau est toujours ma priorité. Je bois au moins un litre par jour. Le soir, s'il ne me reste qu'une demi-bouteille, j'en avale juste une gorgée.

Quand il pleut – et il pleut à toute heure du jour et de la nuit –, j'utilise une feuille de *sororoca* que je plie en forme de tuile pour que la pluie remplisse la bouteille. Je l'ai fait plusieurs fois, mais l'eau de pluie n'a pas les mêmes qualités minérales que l'eau de source.

Je n'ai aucune idée de la distance parcourue. Je ne marche jamais en ligne droite, je fais sans cesse des tours et des détours pour contourner des obstacles. Parfois je reviens en arrière.

Je calcule le temps : je marche tous les jours entre deux et quatre heures. Cela dépend de mon heure de départ et de la difficulté du terrain, car je tâche toujours de m'arrêter à 14 heures au plus tard.

Chaque jour, la même épreuve se présente : je gravis une colline, une deuxième, une troisième. Certaines ne sont pas trop hautes, mais d'autres s'élèvent jusqu'à 300 mètres. Lorsque je parviens au sommet, où la végétation est plus clairsemée, ma récompense est de voir le soleil, mais ma peine est de découvrir une succession infinie de vallons et de collines, aussi loin que porte mon regard.

Quand je redescends, je plonge au fond d'une vallée obscure. Souvent, je dois avancer plié en deux pour passer sous les lianes, les branches, les épineux. Je ne vois que d'autres arbres, d'autres lianes, d'autres épineux. Parfois, je marche des heures ainsi et j'ai terriblement mal au dos. La forêt me coupe, me griffe, me lacère. Je comprends que c'est sa manière de se défendre contre mon intrusion.

Les vallées représentent les plus grands écueils de toute la marche. Ce sont souvent des zones marécageuses, envahies de lianes inextricables. C'est là que je cours le plus grand risque de croiser des bêtes dangereuses. Mais c'est aussi là qu'il y a des arbres fruitiers et de l'eau potable, de quoi me nourrir et m'abreuver. Je peux y reprendre des forces, avant d'entreprendre l'escalade de nouvelles collines.

Les pluies quotidiennes rendent les pentes glissantes, et il m'arrive plusieurs fois de tomber. Ma plus grande peur est de me casser une jambe, ce qui équivaudrait pour moi à une condamnation à mort.

Quand le soleil commence à décliner, je me préoccupe de mon campement. Mon premier souci est de découvrir le bon endroit où construire mon abri : un terrain en hauteur, plat de préférence. Ensuite, je me mets en quête de feuilles de palmier et de *sororoca*, que je coupe avec mon canif. Parfois, je dois m'éloigner de quelques centaines de mètres avant d'en trouver. Ce qui est risqué, car il est très facile de s'égarer dans cette forêt où tout se ressemble. J'ai alors l'idée de tendre mes grands sacs blancs, décidément bien utiles, pour retrouver plus facilement mon chemin jusqu'à l'endroit où j'ai abandonné mes affaires. Sans mon sac à dos et ses maigres richesses, je serais perdu.

Même si je suis maintenant rompu à cette tâche fastidieuse, elle me prend jusqu'à trois heures.

Vient ensuite le moment de faire le feu. Encore une fois, je m'éloigne de mon campement pour chercher du bois, le moins humide possible. L'allumer avec de la résine de *breu branco* est un nouveau défi. Je mets bien deux heures à y parvenir.

À l'heure où le soleil se couche, le clair-obscur du jour finissant s'attarde, faiblement éclairé par la lueur de mon petit foyer. Épuisé et affamé, je m'écroule dans ma hutte. Quand je peux, je la ferme avec des feuilles de *sororoca.* Le luxe ! Je l'appelle alors « mon palace cinq étoiles ».

Je n'ai qu'une envie, c'est d'y rester. Mais je sais que plus je m'attarde, plus ma destination s'éloigne. Dans ce cas, je pense à un film d'animation que j'ai toujours aimé : *Le Monde de Nemo.* Dory le poisson bleu répète comme un leitmotiv : « Nage droit devant toi, nage droit devant toi… »

Je sais que je dois reprendre ma marche et continuer à avancer, pas à pas, avec sagesse et résilience.

Ainsi se déroulent mes journées épuisantes et mes nuits inquiètes. Jusqu'au lever du soleil, le lendemain matin, à 6 heures.

14.

La marche est connue pour être une activité apaisante et propice à l'introspection. C'est peut-être la raison pour laquelle on dit qu'un long pèlerinage suscite des changements profonds chez le marcheur.

Je suis en pèlerinage. Ma marche est pleine de surprises, d'odeurs, de bruits, des plus variés et des plus inattendus. Et, en effet, cette expédition m'aide à faire connaissance avec moi-même.

Les moments d'extrême difficulté alternent avec ceux où je ressens une paix profonde. Je pense à un certain matin – je ne me souviens plus du jour exact, mais c'est pendant la troisième semaine – où je me mets en marche. Un grand soleil brille et, alors que j'entame la descente d'une colline qui semble sans fin, je vois une grande vallée qui s'étend en contrebas.

Tout à coup, un vent frais se lève. La forêt devient plus dense et, au bout de quelques pas, je perçois un son nouveau.

On dirait de l'eau.

La descente de la côte est raide et très pénible. Mais, une fois arrivé en bas, je découvre avec surprise une magnifique cascade.

Je n'en crois pas mes yeux : deux collines se rejoignent et, à leur point de rencontre, une eau claire coule lentement, comme en dansant. C'est une vision du paradis !

Je décide aussitôt de faire une petite halte ici.

J'enlève mes vêtements et les lave. Puis je me glisse sous la cascade. Comme un bain lustral, l'eau régénère mon corps et mon esprit. Je me mets à crier, euphorique, rendant grâce à Dieu pour ce moment magique. C'est un cadeau du ciel !

Je reste là pendant des heures, en état méditatif, à contempler la forêt, à nager comme un bienheureux. Jusqu'à ce jour, je n'avais que rarement réussi à me laver de la tête aux pieds.

Je n'ai rien mangé du tout, mais le bain dans la cascade m'a revigoré. À 2 heures de l'après-midi, je me remets en chemin – très tard, selon les règles que je me suis fixées.

Je fais très attention à mes pieds, la partie la plus précieuse de mon corps en ce moment. Mes tennis sont déjà terriblement usées, elles menacent de craquer par endroits, mais pour l'instant elles tiennent le coup. L'important est de garder le plus possible mes pieds au sec malgré l'humidité ambiante. Ce qui n'est pas facile quand je marche sur des terres marécageuses ou que je traverse des cours d'eau. Je crains par-dessus tout d'attraper une mycose. Bien entendu je n'ai rien pour soigner mes pieds si cela arrive.

Heureusement, j'ai deux paires de chaussettes. Tous les soirs, j'en fais sécher une paire près du feu. Au moins, le lendemain, je ne porterai pas de chaussettes mouillées.

Il y a un épisode dont le simple souvenir ravive en moi le supplice que j'ai vécu alors ! M'étant entaillé un pied, je confectionne un bandage avec les moyens du bord, mais il ne tient pas. J'ai très peur que, dans l'étuve de la forêt, la plaie s'infecte. Je fais donc une chose que j'ai vue dans un documentaire à la télévision : je prends mon couteau suisse, je chauffe la lame à blanc sur le feu et je la presse fortement sur ma blessure pour la cautériser. Mes hurlements de douleur résonnent dans la forêt silencieuse.

Le lendemain, mon pied est presque guéri, et je peux me remettre à marcher normalement.

Je ne comprends pas comment je ne suis pas tombé malade, alors que j'ai l'impression de passer mes journées dans un hammam et que je suis dévoré par les moustiques. Je n'ai attrapé ni la malaria, ni la dengue, ni le chikungunya. Rien, pas même un rhume.

De manière presque maniaque, je prends grand soin de mes ongles, que je coupe régulièrement avec les ciseaux de mon couteau suisse. Cette coquetterie peut paraître parfaitement incongrue au milieu de la jungle. Mais c'est une façon pour moi de ne pas m'« animaliser », de rester un homme « civilisé ».

Je m'improvise aussi couturier ! Mon unique tee-shirt est dans un piètre état. Déchiré par les ronces, usé par des journées de marche, il est sur le point de rendre l'âme. Mais comment le raccommoder ? J'ai alors l'idée de fabriquer une aiguille en taillant un fin morceau de bois que je perce d'un petit trou à l'une des extrémités. Je prélève ensuite quelques fils de mes sacs à gravats et me lance dans un rapiéçage des plus rudimentaires… Je ne suis pas certain de sa qualité esthétique, mais mon bricolage a l'air de tenir et, de fait, je garderai mon tee-shirt jusqu'à la fin.

Heureusement, car il m'est particulièrement précieux. D'abord, je n'ai plus d'autre vêtement à me mettre depuis que, les premiers jours, j'ai utilisé ma chemise comme allume-feu. Ensuite, comme je l'ai déjà mentionné, le dessin du Sacré-Cœur de Jésus y est imprimé sur le côté gauche – juste à la place du cœur. Un symbole que, à l'issue de mon odyssée, mon frère Thiago et moi-même nous ferons tatouer sur le bras.

Un jour – je dois être dans ma deuxième semaine de marche –, je débouche sur un *igarapé* large de plus de 10 mètres. J'analyse la distance à parcourir et les différents scénarios possibles, mais de toute façon il faut que je passe par ce cours d'eau.

Mon plan est alors de me déshabiller, de mettre mes quelques vêtements dans mon sac à dos, d'envelopper celui-ci dans des feuilles de *sororoca*, de glisser le tout dans les deux sacs à gravats puis de traverser la rivière à la nage.

Je suis déjà en sous-vêtements, prêt à me lancer, quand d'un seul coup je m'arrête et me dis : « Attends un peu, je vais quand même jeter un coup d'œil à tout ça. »

Je fais quelques pas le long de la rive et, en regardant plus attentivement, je repère une masse courbe à la surface de l'eau. C'est un arbre qui est tombé en travers de l'*igarapé*, formant comme un pont entre ses deux rives.

Je commence à rire tout seul et à me réjouir. Je n'aurai pas à nager. Je n'ai qu'à traverser sur le tronc. C'est dans des moments comme celui-ci que ma bonne humeur refait surface. Je me parle à moi-même : « Tu vois, mon gars ? Regarde la sottise que tu allais faire ! » Et je renchéris : « Ça vaut le coup de réfléchir un peu avant d'agir ! »

Cet épisode m'a marqué, parce que j'ai pris conscience de notre tendance à nous accrocher à la première idée qui nous vient à l'esprit. Alors que le fait de prendre du recul, de respirer profondément et de s'accorder un peu de temps pour réfléchir calmement permet parfois de trouver une solution beaucoup plus efficace.

Après cette expérience, chaque fois que je dois traverser un cours d'eau, je pars à la recherche d'un tronc d'arbre tombé en travers qui pourrait m'aider à gagner la rive opposée sans avoir à me mouiller, moi et tout mon barda.

Plus tard, je comprendrai que ces petites rivières ont un débit rapide et que, de ce fait, leurs berges forment des ravinements : l'eau bat sur la rive près des racines qui finissent par céder, provoquant la chute de l'arbre – dont le tronc permet souvent un passage à sec. J'ai connu cette situation par trois fois quand j'ai dû traverser un *igarapé*.

Chaque défi relevé est une petite victoire. Quand je peine pour escalader un flanc de colline abrupt ou que des broussailles m'égratignent, je me remonte le moral en pensant à ce que j'ai déjà réussi à surmonter.

À vrai dire, l'expérience par laquelle je passe – la chute du Cessna et l'atterrissage forcé, le fait d'avoir survécu à l'accident (ce qui en soi est déjà un miracle), l'avion qui explose sous mes yeux juste après que j'en suis sorti, ma prise de conscience de ce que je suis seul dans la forêt et qu'aucun avion de secours ne viendra à ma rescousse, ma marche quotidienne guidée par le soleil, les simples intuitions que je me mets à suivre, les difficultés physiques, spirituelles et émotionnelles en tout genre –, cette expérience-là, c'est plus que ce que j'imaginais être capable de supporter.

Pendant ces journées de marche, malgré la faim, la douleur, le corps couvert d'égratignures et de piqûres d'insectes, je ne me plains jamais.

Je suis en vie, et c'est une grande victoire !

Je n'oublie pas le miracle d'avoir survécu à un accident d'avion. Je n'oublie pas que je suis en train de survivre dans la forêt. Si l'on ne voit que le mauvais côté des choses, si l'on se persuade qu'on ne réussira pas – sans même essayer –, on est certain d'échouer.

Au début, quand j'avais tendance à me lamenter sur ma souffrance, sur le fait que j'avais faim ou froid, cette énergie négative ne faisait que m'enfoncer davantage. Malgré l'adversité, j'ai appris à ne plus m'apitoyer sur mon sort, en me disant avec confiance que demain sera un jour meilleur.

Je crois sincèrement que je n'aurais pas écrit ce livre si je m'étais laissé aller à la négativité.

Si vous êtes chrétien, commencez par adorer Dieu. Si vous êtes bouddhiste, commencez par méditer. Si vous avez une autre croyance concernant le Créateur,

Dans quatre jours, le 28 janvier 2021, je dois aller ravitailler une mine d'or en pleine forêt amazonienne. Par précaution, je fais le trajet de Santarém, sur la rive nord de l'Amazone, à Itaituba, la ville des orpailleurs, pour tester le Cessna 210. L'avion présente quelques défaillances mineures mais cela ne devrait pas avoir d'incidence sur la sécurité du vol.

L'unique photo de l'avion écrasé avec les débris bleus. Je l'ai prise immédiatement après l'accident… et avant qu'il ne prenne feu sous mes yeux. Je suis perdu dans un des lieux les plus sauvages de l'Amazonie. Perdu mais vivant.

© Erik Jennings

Une semaine après mon sauvetage, je suis allé survoler le lieu du crash où j'ai pu prendre une photo de l'épave de l'avion.

© Antonio Sena

Le sixième jour, je me sens si abattu que j'enregistre une vidéo d'adieu à l'intention de ma famille. J'ai l'impression d'être sur mon lit de mort. Mais l'idée que je ne parlerai plus jamais à ma mère m'est tellement intolérable que quelque chose s'allume en moi. C'est de nouveau l'espoir qui me secoue et m'encourage.

Depuis que j'ai utilisé ma chemise comme allume-feu, il ne me reste plus que mon tee-shirt. Le dessin du Sacré-Cœur de Jésus y est imprimé. Un symbole que mon frère Thiago et moi nous ferons tatouer sur le bras à l'issue de mon odyssée.

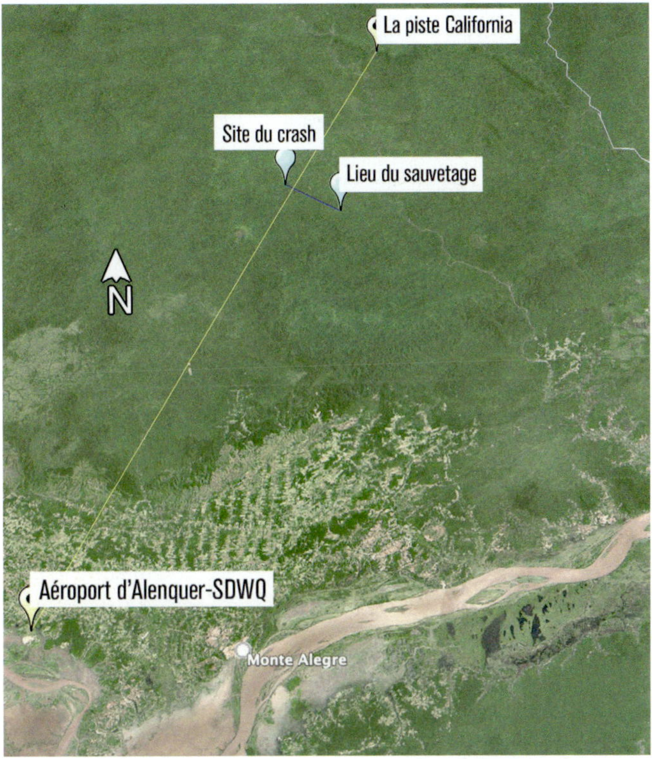

© D.R.

Sur cette carte, on visualise l'aéroport d'Alenquer d'où je suis parti, le site du crash de mon avion aux deux tiers du trajet (193 km sur 270), le lieu du sauvetage et la piste California où je devais atterrir.

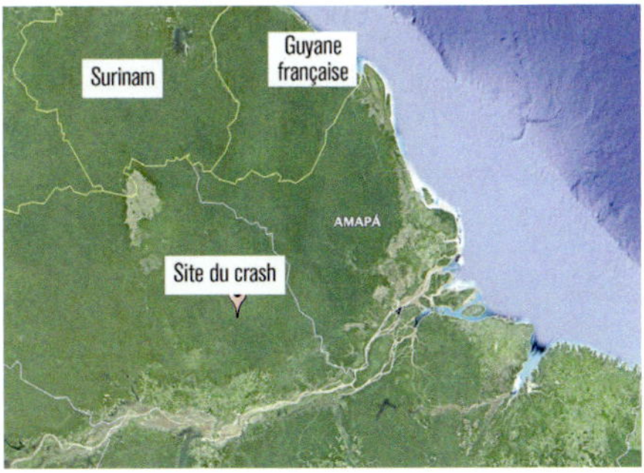

© D.R.

Tous les matins, je regarde le ciel et j'ai la canopée pour seul horizon. J'ai le sentiment étrange que c'est la forêt qui m'observe. Parfois, je suis réveillé par le chant merveilleux de l'*uirapuru*. « Quand il chante, la forêt devient silencieuse », dit-on en Amazonie.

Quand, en marchant, je vois des traces d'animaux inconnus, mon cœur se met à battre à tout rompre : elles signalent peut-être la présence d'un jaguar ou d'un autre prédateur. Mais je n'ai pas le choix, je dois continuer à avancer.

© D.R.

Les cueilleurs de noix du Pará qui m'ont sauvé. À droite, en rouge, la cheffe de cette formidable petite communauté, dona Maria Jorge. Elle me reçoit comme une mère le ferait avec son propre enfant. Elle est stupéfaite de l'état dans lequel je me trouve. « Quand je t'ai vu, m'a-t-elle dit plus tard, j'ai eu tellement de peine que mon cœur a pleuré. »

© D.R.

À la descente de l'hélicoptère qui m'a récupéré dans la forêt, à Prainha, je remercie Dieu. L'amour m'a fait avancer, et la foi m'a été rendue.

© D.R.

Mes retrouvailles avec mon frère et ma sœur à l'aéroport de Santarém. C'est l'espoir de revoir les miens qui m'a permis de ne jamais baisser les bras. Même dans les pires moments.

conservez-la et croyez en cette relation de manière positive. Ne vous plaignez pas !

C'est la sérénité que nous devons cultiver, et non les énergies négatives, qui nous empêchent d'avancer et nuisent non seulement à notre corps, mais, plus encore, à notre esprit.

Combien de fois n'ai-je pas été à bout de forces ? Soit que la faim me tenaille en plein milieu de la nuit, soit que j'aie tellement de mal à me frayer un passage entre les lianes que je me sens comme un éléphant qui tente de passer par un trou de serrure… Beaucoup de gens disent que ce qui m'est arrivé est un miracle. Et en effet, quand j'ai survolé la zone après avoir retrouvé ma famille, je n'ai pas compris comment j'avais réussi à m'en sortir. Je crois vraiment que c'est à la paix et à la sérénité dont je parle ici que je le dois, car ce sont bien souvent elles qui m'ont empêché de m'effondrer de désespoir.

Quand je me sentais abattu, je m'arrêtais quelques instants, prenais une grande inspiration, puis reprenais ma route, régénéré. Jamais je n'ai baissé les bras. *Jamais je n'ai baissé les bras !*

Il existe en nous une force inépuisable que, bien souvent, nous ne laissons pas émerger parce que les situations quotidiennes ne nous en donnent pas l'occasion. Dans la forêt, je fais preuve de courage pour la seule raison que je n'ai pas le choix. Sans l'instinct vital qui m'a poussé à me dépasser, j'aurais peut-être succombé à une peur qui m'aurait ôté toute volonté de m'en sortir. Après avoir surmonté des situations que je n'aurais jamais imaginé vivre, je me rends compte que la peur de les affronter est plus effrayante que les situations elles-mêmes.

Quand je repense à tout ce qui s'est passé depuis le moment où le moteur de l'avion a calé jusqu'à mon explication avec Dieu, je suis tout à fait convaincu que j'ai mieux fait de consentir à ce qui m'arrivait plutôt que me rebeller contre cette nouvelle réalité.

J'ai dû reconnaître et accepter mes propres limites et demander de l'aide à Dieu pour réussir à pénétrer dans la forêt, puis pour survivre dans la jungle malgré la faim et la fatigue, et affronter des nuits de pluie torrentielle dans la plus complète solitude.

Ce qui me fait avancer, je l'ai déjà dit, c'est l'espoir et la volonté de revoir les miens. Ce sont la foi en Dieu et ma propre intuition qui me font reprendre ma marche tous les matins et me persuader que cette souffrance aura une fin.

Car jamais rien ne dure.

Les efforts physiques presque surhumains, les moments de stress où je ne sais absolument pas quoi faire devant une nouvelle difficulté, ou même les longues périodes de doute où je me demande si j'arriverai à m'en sortir… Toutes ces expériences me nourriront pour le restant de mes jours.

15.

Je me souviens parfaitement de ce soir où, en regardant le ciel nocturne, je me rends compte que cela fait déjà un mois que je suis dans la forêt. Je sais que l'avion s'est écrasé un jour de pleine lune, parce que sa luminosité m'a aidé les premières nuits, et un mois plus tard, alors que l'espoir de sortir de là ne m'a toujours pas quitté, je vois cette belle lune blanche, toute ronde, dans le ciel. Un signe prémonitoire.

Cela se passe quelques jours plus tard, un après-midi comme les autres, tandis que je suis en train d'installer mon campement. Mon ouïe sans cesse à l'affût capte soudain un bruit inhabituel. Je me fige immédiatement et tends l'oreille. Un instant, je me demande : « Suis-je encore victime d'une hallucination auditive ? Est-ce encore un singe qui fabrique je ne sais quoi ? » Pourtant, cette fois-ci, j'identifie clairement un bruit de moteur. Je ne sais pas pourquoi, je pense tout de suite à un drone. En me concentrant davantage, je remarque que le bruit s'intensifie par vagues, comme si le moteur accélérait de temps en temps. Maintenant, j'en suis sûr : il s'agit d'une tronçonneuse. Cela n'a rien d'étonnant dans l'État du Pará, un des champions de la déforestation. Mais, ici, au milieu de nulle part, comment est-ce possible ? Et pourtant, « il y a bel et bien quelqu'un, pas très loin d'ici », me dis-je sans trop y croire. Toujours focalisé sur le bruit, je me rends compte qu'il vient de l'est-sud-est, soit la direction que je me suis fixée, à peu de chose près. Je me trouve face à un dilemme : « J'y vais ou je n'y vais pas ? »

Il est déjà 4 heures de l'après-midi, et j'ai commencé à construire mon refuge. Si je décide de partir à la recherche du bûcheron, je cours le risque qu'entre-temps il arrête sa tronçonneuse et de perdre mon point de repère. Je cours aussi le risque de ne pas trouver un autre endroit où dormir ; de toute façon, je n'aurai plus le temps de monter mon abri et passerai la nuit à la merci de la pluie et des prédateurs. Ce qui revient à enfreindre la loi que je me suis fixée dès le premier jour, à laquelle je dois ma survie et qui consiste en ces trois mots : eau, abri, feu.

Je prends donc la décision de rester et de finir mon abri. C'est plus important de rester en sécurité. « Si c'est la volonté de Dieu, me dis-je, ils réutiliseront cette tronçonneuse demain. »

Anxieux et excité, je m'endors difficilement. La nuit passe. Le lendemain matin, je me réveille tôt. Et j'attends. Les minutes s'écoulent lentement. Enfin, vers 8 heures, j'entends de nouveau la tronçonneuse. Quel soulagement ! Sinon que, maintenant, le bruit vient d'une direction opposée, vers l'ouest et un peu plus au sud.

Comment ces gens ont-ils pu se déplacer si loin d'un jour à l'autre ?

Je dois faire quelque chose, mais je suis épuisé. Cela fait trois jours que je n'ai rien mangé, pas un seul fruit. Je ne sens plus le bout de mes doigts la nuit et je souffre de crampes en permanence. Mon corps me tiraille et j'ai des douleurs dans des endroits où je ne pensais même pas qu'il était possible d'avoir mal. Quand je me baisse pour lacer mes tennis ou chercher de l'eau, ma vue se brouille et je perds l'équilibre. Ces épisodes sont fréquents. La fatigue, la faim, tout conspire contre moi.

« Est-ce que j'essaie de trouver cet endroit ? Est-ce que je repars vers l'ouest, alors que je n'ai fait qu'aller vers l'est depuis le début ? »

Le bruit de la tronçonneuse continue, et mon cœur bat la chamade.

Je dois y aller. Même si je perds un jour. Il est plus de 8 h 30 quand je décide de me diriger vers le bruit. Je rassemble mes affaires et je commence à redescendre la colline par le flanc que j'ai gravi la veille. Quand j'arrive en bas, catastrophe : le bruit s'arrête ! Il est déjà 9 heures.

Que faire ? M'en tenir à mon plan ? Attendre qu'ils remettent la tronçonneuse en marche ?

Je continue à réfléchir… Je me suis déjà perdu à plusieurs reprises, et mon cœur me dit que, le moment venu, Dieu m'enverra un signe pour que je n'aie plus aucun doute.

Sans doute s'agit-il de chercheurs d'or qui ouvrent une grande clairière et qui montent une base dans la forêt. Je reviens sur mes pas et remonte la colline en espérant trouver leur piste sur mon chemin. Mais je ne croise aucun sentier.

Quand je parviens de nouveau au sommet, il est presque 10 heures. Je descends le flanc opposé et je tombe sur l'une des plus grandes zones marécageuses que j'aie vues à ce jour. Il y a énormément d'eau, mais je dois passer par là. Pas moyen d'éviter ce marécage. Je n'ai aucune idée de ce qu'il faut faire.

Alors que je suis peut-être si près du but et sur le point d'être sauvé, la découverte de ce nouvel obstacle qui me paraît infranchissable m'assomme comme un coup de massue. Le sort semble s'acharner contre moi. Cette journée s'avérera sans doute la plus périlleuse de tout mon périple.

J'ai déjà vu des zones inondées. Je sais que ce ne sont pas des lieux sûrs, qu'elles grouillent de serpents venimeux, de sangsues, voire d'anacondas et de caïmans.

Normalement, je serais parti à la recherche d'un moyen de contourner cet obstacle, mais je suis trop faible ; un tel détour me coûterait trop d'énergie et de temps. Je n'ai pas d'autre choix que de tenter ma chance, quitte à aller, encore une fois, à l'encontre de mes règles de sécurité.

Je remonte le bas de mon pantalon jusqu'aux genoux et enlève mes chaussettes pour être pieds nus dans mes tennis et pouvoir remettre mes chaussettes sèches après. Et j'entre dans l'eau. Soudain, cela devient plus profond. L'eau m'arrive aux tibias, puis aux genoux, puis au milieu des cuisses. Je comprends que ce sera plus difficile que ce que j'ai imaginé.

Je m'accroche aux arbres et j'essaie de marcher entre les branches tombées, car je veux sortir au plus vite de ce terrain dangereux. Je fais attention à ne pas mouiller mon sac à dos, pour éviter que l'eau ne l'alourdisse davantage.

Quand je sors enfin de là, je me retrouve dans une très grande vallée, qui s'étend à perte de vue. Je continue à marcher, quand j'entends un bruit d'eau. Il serait tout à fait logique qu'il y ait un cours d'eau dans une vallée de cette taille. Et, effectivement, je ne tarde pas à arriver au bord d'une rivière. Elle est large d'environ 10 mètres, avec une eau boueuse et un fort débit. Je me trouve sur une rive humide où poussent des plantes aquatiques, à l'abri du courant, dont la *vitória régia*, un des symboles de l'Amazonie. Ce nénuphar géant est magnifique avec ses grandes corolles vertes… mais il m'empêche de traverser la rivière à la nage.

Je continue à observer et me rends compte que la rivière forme une courbe dans laquelle la rive opposée semble plus haute ; avec de la chance, je pourrai traverser à cet endroit. Je découvre alors le spectacle surprenant d'une succession de ruisseaux, de torrents et de rivières dévalant les collines en face. Les plus étroits de ces cours d'eau font jusqu'à 2 mètres de largeur ; les trois plus grandes rivières, de 10 à 20 mètres.

Je dois traverser un premier torrent. J'utilise mon bâton pour tester la profondeur de l'eau. Dès le premier pas, je m'y enfonce jusqu'au cou. Je suis trempé. Pis, mon sac se gorge d'eau et pèse maintenant une tonne. Néanmoins, il faut que je traverse.

Ce torrent est très profond. Après avoir cherché un point de passage, je repère un arbre qui l'enjambe presque. Je grimpe dessus et réussis à jeter mon sac à dos sur la rive opposée. Puis je saute… mais me retrouve dans l'eau. En sortir n'est pas simple, mais j'y parviens quand même.

Je n'ai rien pour me sécher et l'eau est sale. Mais je remets mon sac sur le dos et je reprends ma marche. Jusqu'à un nouveau cours d'eau. Une nouvelle épreuve.

« Comment faire pour traverser ici ? » me demandé-je.

Il est déjà midi. L'idée de monter mon abri me passe par la tête. Des palmiers et des *sororocas* poussent en bordure de la rive : il y a tout ce dont j'ai besoin pour établir un bon campement. Pourtant, quelque chose en moi me dit de continuer ma route ; je décide de suivre mon intuition.

J'ai maintenant l'habitude, et je cherche un arbre couché en travers de la rivière sur lequel je pourrai traverser.

Je nage depuis toujours. À 9 ans, j'ai traversé un bras du Tapajós de 2,5 kilomètres. J'ai participé à des compétitions jusqu'à l'âge de 15 ans. Je suis un bon nageur – ma mère était prof de natation. Mais je pressens que nager là sera dangereux, surtout à cause de mon sac à dos : trempé, il peut facilement se transformer en ancre !

Je songe à le laisser derrière moi, mais il contient tout ce qui m'a aidé à survivre depuis le début. Sans ce pauvre équipement, je ne tiendrai pas longtemps dans la jungle. Non, je ne dois pas me séparer de mon sac à dos.

Je reproduis le plan que j'avais élaboré pour traverser le premier *igarapé*. Je retire mes vêtements et les fourre dans le sac à dos. Je prends quelques feuilles de *sororoca* dont j'enveloppe le sac, afin de le rendre le plus imperméable possible. Je le glisse ensuite dans un premier grand sac blanc, que je double avec le deuxième. Puis je ferme le tout avec la corde, dont j'attache l'autre bout à ma taille. Mon idée est de nager en tirant mon sac accroché à moi. Mais maintenant que tout est emballé le sac pèse environ 15 kilos ; il peut facilement m'entraîner vers le fond.

Je commence à chercher le meilleur passage pour franchir la rivière, là où sa largeur n'excède pas une dizaine de mètres, et finis par trouver un endroit où un arbre est tombé en travers. Le tronc n'est pas stable, mais je pense réussir à me maintenir debout. Si j'y arrive, je gagnerai bien 2 mètres, il ne m'en restera plus que 8 à nager. À ce moment je remarque, sur la rive opposée, un cacaoyer qui s'avance de 3 ou 4 mètres dans la rivière : en l'atteignant, je n'aurai plus à nager que sur 5 mètres.

À cet endroit, le courant est très puissant. Mais, à moins que je me noie, l'épreuve ne me semble pas insurmontable. Je n'en suis pas moins inquiet, parce que je suis physiquement très faible et qu'une crampe à mi-parcours pourrait m'être fatale. Sans compter qu'il pourrait y avoir des piranhas.

Je saute à l'eau et me dirige tout de suite vers l'arbre, puis je monte dessus. Le tronc va jusqu'au milieu de la rivière, mais il est bien en dessous de la ligne d'eau. Je commence à marcher dessus, en équilibre instable. J'ai déjà de l'eau jusqu'aux genoux et le courant est fort.

Je suis content, car je réussis à gagner encore 2 mètres en marchant sur le tronc. Mais, tout à coup, le courant me déséquilibre et je tombe à l'eau. Pour ne pas être emporté par le poids de mon sac, je m'accroche à l'arbre. Il est entièrement immergé, et je fais de gros efforts pour m'y agripper tout en essayant de sortir la tête de l'eau et reprendre ma respiration. Et je reviens à mon point de départ.

Malgré mon sac à dos lesté par l'eau, je tente de nouveau de marcher sur l'arbre. Et je retombe. Je me retiens à l'arbre, je reviens une nouvelle fois en arrière. Je prends alors le temps de réfléchir et me dis que, si je mets le sac sur mon dos au lieu de le traîner au bout de la corde, j'aurai moins de mal à maintenir mon équilibre… dont acte. Enfin, j'avance jusqu'à me trouver en face du cacaoyer. Et je me jette à l'eau.

Je ne sais pas combien de mètres je nage, mais je réussis à agripper une branche du cacaoyer et à atteindre l'autre rive. Je me hisse hors de l'eau et je grimpe sur la berge. Mon sac à dos est affreusement lourd, toutes mes affaires sont trempées, cela ne m'était jamais arrivé jusque-là. Aujourd'hui, tout va mal.

Il est 2 heures de l'après-midi, il faut que je trouve un abri, mais je dois d'abord essorer et faire sécher mes vêtements avant la nuit. Je demande à Dieu que le soleil apparaisse.

« Dieu, fais briller le soleil. Tout ça doit sécher. »

Ce qui arrive par la suite est stupéfiant.

Jamais, pendant tous ces jours passés en forêt, je n'ai essuyé une pluie d'une telle violence. Moi qui ai appris à ne pas me plaindre, je dois vraiment prendre sur moi pour ne pas céder à l'autoapitoiement. Mes crampes sont si fortes que j'ai du mal à essorer mes vêtements et à ranger mes affaires dans mon sac à dos. Mais il faut absolument que je m'éloigne de la rive, car je connais les dangers de camper à côté d'un cours d'eau. Je n'ai aucune envie de croiser un jaguar. Je me remets donc en route, à la recherche d'un bon endroit. En vain. Contrairement à la rive opposée, celle-ci est très humide. Il n'y a pas un palmier, pas un *sororoca*, rien.

Je m'inquiète. « Ce soir je vais dormir à la belle étoile. »

Il est déjà 3 heures de l'après-midi. « Pourquoi ne suis-je pas resté de l'autre côté ? » Je commence à regretter mon choix.

Cela n'a jamais été si dur, je n'ai jamais été si faible. Tout en continuant à marcher, je répète : « Aide-moi, mon Dieu. Aujourd'hui, je ne sais pas comment faire. »

J'en ai le cœur déchiré… Peut-être si près du but, ma fin serait-elle proche ?

16.

Alors que ma situation semble désespérée, j'aperçois une forme blanche en plein milieu de la forêt. Je suis surpris : « Qu'est-ce que cela peut être ? »

Curieux, je me dirige vers elle. Une tache blanche dans tout ce vert, c'est inhabituel. Plus je me rapproche, plus je me dis que cela ressemble à quelque chose qui n'a pas sa place dans la forêt. Peut-être est-ce l'épave d'un avion tombé il y a longtemps et qu'on n'a jamais retrouvé ?

J'arrive enfin devant une bâche blanche posée par terre, manifestement pour recouvrir quelque chose. Autour d'elle, je vois des fourches plantées dans le sol et un amoncellement de cosses de noix ouvertes ! Toujours méfiant, je soulève la bâche avec précaution et découvre un grand panier plein de noix, une Thermos bleue qui contient de l'eau, un sac de farine et des pinces à noix.

Je suis dans une noyeraie !

Je bois l'eau de la Thermos et je me mets en quête des travailleurs de la noyeraie. Soudain, j'entends « tchac, tchac, tchac »… Quelqu'un est en train d'ouvrir des noix en frappant sur leurs coques avec une machette ! Mon cœur bat à tout rompre. Je ne veux pas faire de bruit. Alors je marche silencieusement vers l'origine de ce son.

Je finis par apercevoir un homme. Trop occupé par son travail, lui ne me voit pas. Je m'approche lentement pour ne pas l'effrayer, et je me présente face à lui.

Nous sommes le vendredi 5 mars 2021. Cela fait trente-six jours que je n'ai pas regardé un être humain dans les yeux.

— Mon nom est Antonio Sena. Je suis pilote de ligne.

Je ne prononce que ces dix mots. Pas un de plus. Mais ils valent le plus long des discours. Je ne m'adresse plus au vent ni aux singes, mes seuls interlocuteurs dans la forêt. Je parle à un homme, un semblable. Enfin !

Je lis sur le visage de cet homme une expression de stupéfaction et de peur, et je me rends compte que mon apparence a de quoi l'effrayer. Je ne me suis pas regardé dans un miroir depuis plus d'un mois, et j'aurais probablement eu la même réaction que lui si je m'étais soudainement trouvé nez à nez avec un être hirsute, efflanqué, au regard halluciné et semblant surgir d'un autre monde.

Je suis terriblement amaigri. Tous les deux jours, je devais percer un nouveau trou dans ma ceinture. Quand je n'ai plus pu faire de trous, j'ai enfilé mon short sous mon pantalon pour le faire tenir. J'ai vraiment perdu beaucoup de poids (27 kilos en trente-six jours).

On dit qu'après une semaine passée dans la forêt on est déjà imprégné de son odeur : un mélange de bois humide, d'humus, de feuilles en décomposition, de champignons, de mousse. Comme si l'on faisait partie intégrante de cet écosystème. Mon odeur, ma sueur sont désormais celles d'un animal de la forêt. J'ai fini par me fondre dans cet organisme vivant qu'est l'Amazonie.

Le cueilleur de noix et moi continuons à nous regarder fixement ; au bout de quelques secondes de silence, je lui raconte d'une traite mon histoire. Je déverse un torrent de mots que je ne parviens plus à endiguer. D'abord, je raconte que l'avion s'est écrasé, ensuite que j'ai passé un long moment en forêt. Il est sidéré, manifestement incapable d'assimiler tant d'informations.

Peut-être que moi non plus je ne croirais pas à une telle histoire si je l'entendais !

Pendant qu'il me dévisage, je lui demande des noix. Je le supplie.

— Je suis affamé, je vous en prie.

Il semble terrifié et met un certain temps avant de commencer à ouvrir des noix.

À ce moment, un autre homme arrive, portant des coques de noix sur son dos. Il a l'air moins apeuré et plus bavard. Il doit s'imaginer que je suis un Indien émergeant de la forêt. Je lui répète mon histoire, qu'il écoute avec attention.

— Mais comment avez-vous fait pour survivre tout ce temps ? me demande-t-il, incrédule.

Ils s'appellent Goiano et Zé Toco.

Je continue à raconter, impatient, heureux, mais encore anxieux, parce que je ne sais pas si je suis au bout de mes épreuves. Je leur demande s'ils peuvent m'abriter pour la nuit. Ils me parlent immédiatement d'une cabane pas loin et proposent de m'y emmener sans plus attendre.

C'est à un quart d'heure de marche. En chemin, je pleure, je pleure, je pleure comme une fontaine… Je suis submergé par l'émotion. Lorsque j'aperçois une grande cabane recouverte d'une bâche bleue pouvant accueillir une famille, j'éprouve le plus grand soulagement de toute ma vie ! C'est à cet instant que je comprends que mes souffrances touchent à leur fin.

J'ai la chance de rencontrer les meilleures personnes possibles ! Ces gens m'accueillent comme si j'étais l'un des leurs rentrant à la maison.

Dona Maria me reçoit comme une mère le ferait avec son propre enfant. Elle est stupéfaite de l'état dans lequel je me trouve, et écoute chaque parole du récit de mes jours passés dans la forêt.

Plus tard, elle me confiera qu'elle avait eu, quelques jours plus tôt, un pressentiment. « J'ai dit à mon fils aîné : "Il va arriver quelque chose dans notre vie." Mon fils a demandé : "Maman, quelque chose de bon ou de mal ?" Je lui ai répondu : "Quelque chose de bien, de très bien." » Elle me dira aussi, très émue : « Quand je t'ai vu, j'ai eu tellement de peine que mon cœur a pleuré, j'ai eu les larmes aux yeux quand je t'ai regardé. Tu avançais très lentement. Tu étais très faible, tout pâle, tellement faible que tu arrivais à peine à marcher. » C'est le cœur d'une mère qui parle ! Le cœur d'une personne capable de percevoir la souffrance d'autrui, de sentir ce que l'autre ressent.

Dona Maria me propose d'enlever mes vêtements mouillés et va chercher une chemise et un bermuda secs. Puis elle prépare un bol de lait chaud avec du sucre.

Elle ouvre un paquet de biscottes et le pose à côté d'une plaquette de beurre.

C'est le meilleur repas de ma vie !

Seulement, je peux à peine ouvrir la bouche. Après tant de jours passés sans rien manger, hormis quelques fruits, j'ai du mal à mâcher.

Le lait est délicieux, mais, comme je n'ai mangé que des aliments sucrés pendant tout ce temps, je lui demande :

— Vous n'auriez pas un peu de sel ?

Elle verse une poignée de sel dans le creux de ma main, et petit à petit je mets quelques grains sur ma langue. Quelle sensation savoureuse ! Ma tension est tellement basse que j'ai du mal à tenir debout. Avec cette poignée de sel, mon corps se sent revivre.

Je mange le sel et les biscottes, bois le lait. Puis je demande à mes hôtes s'ils peuvent contacter ma famille.

Grâce à un appareil de radioamateur, dona Maria appelle sa fille, qui se trouve à Laranjal do Jari, une ville distante de quelque 150 kilomètres à vol d'oiseau, et lui demande d'essayer de joindre ma mère.

J'attends ce moment depuis si longtemps !

17.

Par Thiago, mon frère

Mon anniversaire est le 22 janvier, celui d'Antonio le 30. Lorsque nous étions encore enfants, nous sommes convenus que, chaque fois que ce serait possible, nous fêterions nos anniversaires ensemble.

Cette année, nous avons prévu de prendre le bateau pour aller camper sur la plage pendant le week-end de la pleine lune, le 29 janvier. Mais, quelques jours avant, Antonio annule, parce qu'il a trouvé un travail de pilote dans la région d'Alenquer.

Le 28, je suis en train de coucher ma plus jeune fille. Il est 20 h 34 précises lorsque je reçois un texto de ma femme Luíza me priant de la rejoindre d'urgence au salon. Comme je tarde un peu, elle vient me trouver dans la chambre de la petite et réitère sa demande en insistant.

À aucun moment je n'ai pensé qu'elle avait quelque chose de si grave à m'annoncer.

Quand j'arrive auprès de Luíza, elle me dit mot pour mot :

— L'avion dans lequel Toninho a décollé n'est pas arrivé à destination et n'est pas rentré à Alenquer.

C'est le pilote qui faisait ce vol habituellement, un certain Kassio, qui a appelé pour nous en informer. Lui-même l'avait su par les affréteurs du vol, car ils avaient engagé Antonio par son intermédiaire et ne connaissaient personne d'autre à prévenir. Mais Kassio n'a pu que nous dire : « Antonio n'est pas arrivé à destination. Il est parti vers 12 h 30 et il n'est pas arrivé. »

Un sentiment de désespoir et d'incertitude me submerge… Avant son départ, nous avions parlé assez longtemps ensemble ; Antonio m'avait dit qu'il volerait au-dessus de la région d'Alenquer, qu'il passerait deux ou trois jours là-bas et que, après sa mission, il se rendrait à Brasília pour renouveler sa licence de pilote.

Je connais le point de départ et la destination. Mais ce que je veux, c'est parler à ceux qui l'ont recruté. Il faut que je comprenne ce qui s'est passé, et pour cela je dois aller à Alenquer. Ainsi j'aurai l'impression de me rapprocher de mon frère. Je ne peux pas attendre une minute de plus.

De Santarém, un ferry pour Alenquer part le soir même à 22 heures. Pendant que je prépare mon sac, j'appelle mon ami Luís pour lui demander de m'accompagner. Sans même savoir exactement de quoi il s'agit, il accepte de faire le voyage avec moi. Une heure et demie plus tard, nous sommes à bord du ferry à destination d'Alenquer. Luís va être un soutien précieux pendant toute cette épreuve.

Cette nuit, c'est la pleine lune, on y voit comme en plein jour. Pendant les sept heures que dure la traversée, je suis plongé dans l'angoisse, imaginant mille et une choses. J'envisage tous les scénarios possibles. Mais, quoi qu'il se soit passé, il faut tout faire pour retrouver Toninho. Du ferry, je téléphone à mon beau-frère, qui travaille dans le secteur de l'aviation, pour qu'il m'explique la marche à suivre. Pour l'instant je ne veux parler à personne d'autre, pour ne pas dire des choses dont je ne suis pas sûr.

Dès notre arrivée à Alenquer, nous nous rendons auprès de l'affréteur, qui nous confirme qu'Antonio n'a pas atterri. Je fais aussitôt un signalement auprès de la Salvaero – le Service de recherche et de sauvetage de la Force aérienne brésilienne – pour lancer les recherches. Puis nous attendons que la Force aérienne brésilienne fasse son travail. Le matin du 29, à 8 heures, l'avion de la FAB survole déjà la ville en direction de la forêt. Mais la journée se passe sans qu'Antonio ait été trouvé.

Je contacte ma sœur pour lui expliquer la situation. L'incertitude est totale, nous ne savons pas quoi faire. Mais, dans l'immédiat, elle et moi tombons d'accord sur le fait que notre mère ne doit pas être mise au courant par quelqu'un d'autre que nous. C'est donc Mariana qui s'en chargera, mais elle ne réussira à la joindre au téléphone que le lendemain.

Le désespoir prend le dessus. De Manaus, ma sœur arrive à Alenquer le 30 janvier.

Outre son Airbus spécialisé dans les recherches et sauvetages, la FAB dispose d'un hélicoptère permettant à son équipage de descendre dans la forêt s'il repère Antonio ou son avion. Au cinquième jour de la disparition, nous apprenons que la FAB a envoyé l'hélicoptère de sauvetage. Nous sommes vraiment stressés, espérant qu'ils ont peut-être, enfin, trouvé Antonio. C'est la première fois que l'hélicoptère effectue une sortie.

Mais, en fin de journée, c'est la douche froide. Le même message laconique que les jours précédents nous parvient : « Bonjour, le SAR 6552 a atterri à Santarém. Avion non localisé. Nous reprenons les recherches demain. »

Pendant les neuf jours que durent les recherches menées par la FAB, tout ce que nous pouvons faire, c'est attendre des nouvelles jusqu'au soir, dans l'angoisse. Nous ne pouvons pas nous-mêmes louer un avion pour participer directement aux recherches, car l'espace aérien a été fermé dans cette zone : une procédure normale, pour que la FAB puisse travailler en toute sécurité.

Nous savons bien que les recherches de la FAB ne se poursuivront pas éternellement. Ce sera alors à nous, la famille, de les poursuivre. Et nous aurons besoin d'aide. Pour commencer, nous lançons une campagne de sensibilisation sur les réseaux sociaux. L'objectif est de collecter des fonds pour faire venir à Alenquer une équipe bénévole de secours terrestres de Joinville, dans l'extrême sud du Brésil.

De fait, la mobilisation est telle que nous réussissons à faire venir non seulement une équipe de neuf secouristes de Joinville, mais aussi une autre équipe de recherche de onze personnes de Manaus. Nous pouvons aussi continuer à effectuer des vols sporadiques dans la région, grâce à l'aide d'amis pilotes de Toninho, et toujours avec le soutien des nombreux amis.

Les réseaux sociaux nous font passer un courant d'amour sans bornes, avec beaucoup de prières, des mots chaleureux. À cette occasion, nous renouons avec de vieux amis perdus de vue. Nous recevons tant d'affection que nous sommes sûrs que Dieu est à nos côtés, qu'il nous entoure de personnes incroyables.

Nous disposons dès lors d'un moyen de communication, ainsi que d'une page actualisée où tout le monde peut poster des suggestions et des pistes d'actions potentielles. Pendant ce temps, nous nous rendons dans les fermes et les plantations pour parler aux gens qui auraient pu voir l'avion passer.

Grâce à de nombreux témoignages, nous établissons une carte et délimitons une zone dans la forêt où déployer les équipes de recherche. Nous avons beaucoup de mal à accéder aux endroits les plus reculés, mais les habitants des communautés de *caboclos* vivant dans la forêt nous aident beaucoup. Les équipes de recherche passent des jours entiers à l'intérieur de la forêt pour essayer de trouver Antonio.

Nous commençons à mener des recherches terrestres avant même que la FAB n'abandonne ses vols. Chaque soir, quand la FAB nous annonce que l'avion n'a pas été repéré et qu'une de nos équipes rentre bredouille de la forêt, la tristesse d'une nouvelle journée sans avoir trouvé Antonio s'abat sur nous.

Au bout du neuvième jour, la FAB met fin aux recherches. Nous en sommes terriblement frustrés, mais nous savons que c'est la règle.

Après presque deux semaines, c'est au tour des équipes de bénévoles de cesser leurs battues pour rentrer chez elles. Une fois de plus, nous devons nous réorganiser, relever la tête et passer à la prochaine étape.

L'espace aérien étant rouvert, nous survolons la zone avec l'aide de pilotes qui nous laissent utiliser leurs avions gratuitement ou nous emmènent. Nous réservons également des vols en avion et en hélicoptère. Nous pointons nos regards sur la forêt, le front collé à la vitre, en essayant de repérer un signe d'Antonio dans cet océan vert. Nous ne lâchons pas une seule minute ! Nous gardons la foi !

La tension, le chagrin et le désespoir durent plus de trente jours, parfois marqués par la frustration d'entendre des histoires abracadabrantes, sans la moindre information pertinente.

L'espoir se renouvelle quotidiennement avec le lever du soleil. Les gens prient, tout le monde est confiant. Rien ne nous empêchera de nous battre jusqu'au bout pour retrouver notre frère en vie.

C'est alors qu'un homme qui s'appelle Aldenor, et qui se trouvait à proximité du río Parú le jour de la chute du Cessna d'Antonio, nous dit qu'il a perçu le bruit d'un avion et qu'il peut nous indiquer l'endroit vers lequel l'appareil se dirigeait avant de devenir « silencieux ».

Son témoignage est tardif, mais c'est la première information sérieuse que nous recevons. Nous faisons un vol de reconnaissance avec lui pour comprendre ce qu'il dit avoir entendu. Encore une fois, sans résultat. En fait, ce jour-là – nous l'apprendrons plus tard –, nous survolons l'exact endroit où le Cessna est tombé.

Malgré ce nouvel échec, nous ne renonçons pas. Nous préparons une nouvelle mission, plus compliquée et dangereuse que les autres. Elle implique que nous restions presque une semaine à l'intérieur de la forêt, sans communication avec l'extérieur.

Le jour où nous recevons *la* nouvelle, ma sœur et moi-même sommes en train de remplir le coffre de la voiture en vue de prendre le ferry en direction de la frontière avec l'État de l'Amapá, au nord-est d'Alenquer. Notre projet est de monter ensuite dans un avion, puis d'aller en plein milieu de la forêt recommencer les recherches.

C'est notre dernière carte. Nous avons réuni tout l'équipement nécessaire. Nous avons même fait imprimer des affiches que nous voulons accrocher aux arbres pour laisser un message à Antonio ! La probabilité que notre frère tombe sur l'une d'elles est infime, mais nous ne voulons rien laisser au hasard.

Nous sommes fin prêts pour notre tentative de la dernière chance, et nous trouvons donc à Alenquer, en pleine rue, quand mon portable sonne. C'est ma mère. Surexcitée, elle hurle :

— Ils ont retrouvé Antonio !

Ma mère pleure et crie. Je lui demande de garder son calme. Je ne veux pas qu'elle ait un faux espoir.

— Calme-toi. Qui t'a dit ça ?

Nous n'avions pas divulgué le numéro de notre mère. Elle nous donne le contact de la fille qui vient de lui parler, et Mariana la rappelle aussitôt. C'est Mirian, la fille de dona Maria Jorge.

— Écoutez, votre frère est arrivé dans notre noyeraie, nous dit-elle.

Circonspects, nous demandons :

— Comment s'appelle-t-il ?

Sa réponse douche notre espoir :

— Fabio.

Ma sœur objecte qu'il ne s'appelle pas Fabio, et Mirian se corrige immédiatement :

— Non, pardon, il s'appelle Antonio.

Échaudés par toutes les alertes fantaisistes que nous avons reçues, nous nous disons aussitôt que c'est louche, qu'il s'agit encore une fois d'une fausse piste.

Mais Mirian fait l'intermédiaire entre nous : elle nous parle au téléphone et communique avec lui par radio. Nous demandons qu'elle nous dise son nom entier, et elle nous répond après lui avoir parlé. Bien qu'elle nous donne correctement son nom et sa date de naissance, je n'arrive toujours pas à croire que c'est lui. N'importe qui peut connaître la date de naissance d'Antonio.

Alors, je pose une question à laquelle lui seul peut répondre. Quelque chose qui n'est connu que de notre famille.

— Demandez-lui comment s'appelle mon chien.

Mirian lui pose la question par radio et, quelques instants plus tard, sa réponse tombe :

— Gancho.

Nous sautons en l'air, nous avons envie d'envoyer valser tout ce qui est devant nous. Cette fois-ci, nous avons un véritable espoir. C'est bien le nom de mon chien et c'est bien le téléphone de maman. *Ça ne peut être que lui*.

Nous tentons de le contacter directement d'Alenquer, mais il nous faut un appareil de radioamateur de longue portée, et on n'en trouve pas en ville. Luíza essaie d'entrer en contact avec lui de Santarém : nous voulons entendre sa voix directement, sans intermédiaire. Mais dans cette région de l'intérieur, en forêt, les gens ne laissent pas leurs radios allumées vingt-quatre heures sur vingt-quatre. Ils les allument à heure fixe en utilisant leur générateur d'électricité.

Même sans avoir parlé à Antonio directement, nous en sommes sûrs désormais : C'EST LUI ! Enfin nous avons retrouvé notre frère ! Nos cœurs débordent de bonheur, et la nouvelle de son sauvetage se répand grâce aux radioamateurs. Tous ceux qui ont souffert avec nous sont en liesse, comme s'ils faisaient partie de notre famille ! Nous fêtons longuement cette nouvelle tant espérée !

Le soir même, nous rentrons à Santarém par le ferry. De là, nous comptons prendre l'avion pour la ville de Laranjal do Jari, où vit la fille de dona Maria Jorge, et où nous pourrons communiquer avec Antonio par radio. Nous manquons presque le départ de l'avion en raison de la pluie abondante qui nous a retardés à toutes les étapes de notre voyage en ferry.

Nous décollons à 7 heures du matin. Une fois arrivés au petit aéroport de Laranjal do Jari, nous nous dépêchons de trouver un endroit où établir un contact radio avec Antonio. Enfin nous allons lui parler ! Le son étant de meilleure qualité, nous reconnaissons distinctement la voix de notre frère. Antonio nous dit qu'il va bien, que l'on s'occupe bien de lui.

Dès lors, avec l'aide des pilotes qui ont joué un rôle essentiel dans nos recherches, nous organisons le plan de sauvetage. Nous communiquons à Antonio les instructions qu'ils nous ont transmises :

— Vous allez allumer un feu dans une clairière. Il faut qu'il y ait beaucoup de fumée. Nous, on va survoler la zone et, une fois qu'on vous aura repérés, on transmettra les coordonnées GPS à l'hélicoptère.

Accompagnés d'une personne qui connaît bien la région, nous volons d'abord en suivant le cours du río Parú, puis celui d'une rivière qui, par endroits, disparaît sous les arbres. Le vol dure plus d'une heure, pendant laquelle nous nous inquiétons de ne pas arriver à localiser la noyeraie.

Enfin, nous apercevons la fumée. Elle atteint la cime des arbres et se disperse. Bientôt, nous distinguons la bâche bleue qui recouvre la cabane. Nous sommes fous de joie. Nous volons en cercle au-dessus de l'endroit plusieurs fois et voyons que, en bas, ils nous font de grands signes. Nous enregistrons les coordonnées GPS du campement et les transmettons à l'hélicoptère qui fera le sauvetage. Dès que nous en connaissons l'horaire, nous repartons pour l'aéroport de Santarém afin de l'y attendre.

À Santarém, l'attente dure une trentaine de minutes. Nous recevons bientôt une photo de notre frère prise dans l'hélicoptère de sauvetage, mais nous sommes impatients de le voir, de le serrer dans nos bras et de constater qu'il va vraiment bien ! De nombreux amis, et aussi des inconnus, attendent à l'extérieur de l'aéroport. Une nouvelle manifestation de la solidarité qui nous accompagne depuis le début.

Dès que l'hélicoptère se pose, Mariana et moi courons vers Antonio et le prenons dans nos bras. Après cette lutte de trente-six jours, c'est la plus belle des récompenses. Dans cette étreinte entre Toninho, Mariana et moi, nous ne cessons de répéter combien nous sommes reconnaissants à Dieu et combien nous nous aimons.

C'est un des plus beaux moments de ma vie ! C'est une renaissance. Nous sommes réunis et, grâce à Dieu, toute notre angoisse est maintenant derrière nous. Je ne sais pas comment j'aurais survécu si cette histoire ne s'était pas terminée ainsi.

18.

Par Mariana, ma sœur

Je suis en train de travailler quand Thiago m'envoie un message pour me demander les papiers d'identité de Toninho. Je trouve ça bizarre et lui réponds par une question :

— Pourquoi as-tu besoin des papiers de Toninho et pourquoi me les demandes-tu à moi ?

Alors il m'annonce que Toninho a fait un vol et qu'apparemment il n'est pas arrivé à destination. Je suis sous le choc.

En quelques secondes, le film de notre fratrie se déroule dans ma tête. Pendant notre enfance et notre adolescence, nous étions très proches. Je repense à notre maison de famille et à notre vie là-bas, à nos joies, au petit jardin de notre grand-mère… Quand maman n'était pas là, c'était moi qui m'occupais des garçons. Je me souviens de la fois où Antonio a eu un accident et que j'ai dû l'emmener à l'hôpital. J'ai si souvent pris soin de lui, avec tant d'affection ! Après que je suis partie de chez nous à 18 ans, chacun a suivi son chemin. Malgré la distance qui nous sépare à présent, moi vivant à Manaus et mes frères à Santarém, la nouvelle que m'assène Thiago me fait l'effet d'une déflagration.

Je travaille sur des projets de développement durable avec les peuples indigènes et les *caboclos*. Plus qu'une relation professionnelle, c'est un lien spirituel que j'entretiens avec eux.

Mon grand-père et mon arrière-grand-père paternels travaillaient comme *seringueiros*. Cette histoire familiale a nourri ma connexion spirituelle avec la forêt. Pour moi, elle est un être vivant à part entière ! La sève coule dans les plantes comme le sang dans nos veines, ces fluides vitaux procurent de l'énergie aux organismes qu'ils irriguent. La forêt pulse d'énergie, et toutes les créatures de la forêt, qu'elles soient animales, végétales ou même minérales, communiquent entre elles.

Je suis angoissée de savoir que Toninho est en danger, mais je sais que l'esprit de la forêt le protège. J'ai la certitude que mon frère est vivant.

Je le connais, Toninho. Il a vécu avec moi quand il étudiait pour devenir pilote. Et il étudiait beaucoup ! Il écoutait les bandes des boîtes noires pour analyser les causes des accidents et savoir comment les éviter. Je sais que mon frère est compétent et intelligent. Il tient de notre père. Je suis sûr qu'il saura mettre à profit toutes ses qualités pour survivre.

Quand, au lendemain de son accident, je pars pour Alenquer et que la FAB entame les recherches, je suis totalement confiante.

Thiago et moi entrons en contact avec des gens qui vivent dans des lieux reculés, au cas où l'avion serait tombé dans un de ces endroits. Par ailleurs, nous sommes aidés par des équipes spécialisées qui organisent des battues dans la forêt.

Pourtant, la nuit, l'angoisse revient et me prend à la gorge. Je fais des rêves étranges, j'ai des hallucinations et des visions, comme une communication spirituelle avec des personnes qui disent être avec lui. Cela me remplit d'espoir.

Je comprends alors que mon rôle ne consiste pas uniquement à parcourir la région en tous sens et à participer aux recherches. Je peux apporter une aide supplémentaire : une contribution spirituelle.

Je sais que Toninho est en vie.

Quand je sens que j'ai réellement besoin d'une aide spirituelle, je pose ma main sur la terre et je fais cette requête : « Je demande que mon frère trouve le moyen de communiquer avec nous. Que ceux qui vivent là-bas puissent nous indiquer la direction à suivre pour le retrouver. »

Je suis persuadée que toute cette mobilisation fait son effet. Je reçois de la part de personnes de toutes religions un courant d'énergie si fort qu'il n'y a plus de place pour le doute. Il y a juste la certitude qu'on le retrouvera.

C'est juste une question de temps.

Nous prions pour que Toninho soit protégé des bêtes sauvages, de la pluie, du froid. De fait, quand toute cette aventure sera terminée, nous serons soulagés d'apprendre qu'il n'a jamais eu affaire à un jaguar ou à un anaconda.

Par ailleurs, le moustique est le principal ennemi de tous ceux qui pénètrent dans la forêt. Or notre frère, même s'il s'est fait piquer des milliers de fois, n'a attrapé ni malaria ni dengue. Pour moi, c'est le résultat de la force décuplée de la foi ! Elle nous a nourris, et elle a nourri Toninho dans la forêt.

J'ai la conviction que mon frère est en de bonnes mains. Et c'est le cas.

Le plus beau, c'est que Toninho a été sauvé par une famille qui entretient un lien durable avec la forêt et qui a su prendre soin de lui.

Petit à petit, on prend conscience des connexions invisibles qui créent un immense réseau spirituel entre les humains et la forêt. Si l'on accepte de quitter un instant le plan rationnel, on peut accéder à cette sagesse et en tirer de riches enseignements.

19.

Depuis mon sauvetage, chaque fois que je parle avec un ami, il me dit la même chose :

— S'il y a bien quelqu'un qui pouvait se sortir de là, c'est toi.

Peut-être que Dieu m'a toujours préparé pour une aventure comme celle-ci.

Pendant mon naufrage en forêt, il a plu tous les jours. Même quand j'étais trempé jusqu'aux os et que je grelottais de froid, je ne m'en suis jamais plaint. Et j'ai eu raison, car la pluie a joué un grand rôle dans mon sauvetage. En discutant avec dona Maria Jorge et sa famille, j'ai appris qu'ils n'avaient pas initialement prévu d'aller dans cette région en 2021. Ils ont décidé de s'y rendre uniquement parce que les averses avaient suffisamment gonflé les eaux de la rivière pour qu'ils puissent se déplacer en pirogue et atteindre la zone où nous nous sommes rencontrés. Par ailleurs, si l'autre noyeraie qu'ils exploitent un peu plus bas avait donné une récolte suffisamment bonne, ils ne seraient pas venus la compléter avec celle-ci ; en 2020, ils n'ont pas eu besoin de le faire.

Si j'ai entendu la tronçonneuse, c'est parce que cela ne faisait que trois jours qu'ils étaient arrivés et qu'ils étaient toujours en train de construire leur cabane. Si je m'étais attardé pendant mes marches, ou qu'au contraire je sois allé plus vite, je ne les aurais peut-être jamais croisés. Si je n'avais pas traversé ce dernier cours d'eau, je n'aurais pas rencontré Goiano ou Zé Toco dans cet endroit.

Tant de « si »…

Quand vous êtes dans une mauvaise passe, que vous vous sentez découragé, souvenez-vous de ne pas vous plaindre. Car ce qui semble jouer contre vous œuvre peut-être pour votre salut.

Dona Maria Jorge est la matriarche du petit groupe. Elle a la peau ridée par le soleil et les mains calleuses d'une vie de labeur. À 66 ans, elle a encore une énergie impressionnante. Tous les ans, elle passe des mois dans la forêt à récolter les noix du Pará, dites aussi « noix du Brésil ». Ces fruits sont très appréciés dans le monde entier pour leur goût de noisette et de noix de coco. Ils ont également la réputation de prévenir les maladies cardio-vasculaires.

Les noix poussent dans la partie la plus haute de l'arbre, et leur coque ne se brise pas quand elles tombent au sol. Elles sont très résistantes, comme j'en ai fait la malheureuse expérience pendant mon périple où je n'ai jamais réussi à en ouvrir une. La noix elle-même est en fait une graine contenue dans le fruit du noyer.

La famille de dona Maria possède ce qu'elle nomme des *castanhais*, des noyeraies – des zones à l'intérieur de la forêt où poussent de nombreux noyers. Elle y passe trois ou quatre mois, pendant la période où les noix tombent de l'arbre, généralement de janvier à avril. Chacune pèse entre 300 et 400 grammes, et il faut faire très attention à ne pas en recevoir une sur la tête, elle pourrait facilement vous fendre le crâne.

Ces noix ont un autre avantage : après plusieurs mois passés sur le sol, elles sont encore tout à fait comestibles. Donc même celles qui tombent après le départ des cueilleurs sont récoltables à leur retour l'année suivante. Et ils n'ont pas besoin d'abattre un seul arbre.

Le travail des cueilleurs est pénible, ils l'accomplissent avec beaucoup d'abnégation. Ils ramassent les coques à terre, puis les ouvrent sur place, retirent les noix, les trient pour éliminer celles qui ne sont pas bonnes, les lavent et les mettent en sac.

Pour atteindre leurs noyeraies, les cueilleurs remontent les rivières dans de grandes pirogues en bois équipées de moteurs hors-bord, louvoyant entre des arbres tombés, se heurtant aux courants forts. Ils s'enfoncent dans la forêt pour récolter les noix et les préparer, ensuite ils les transportent à la ville la plus proche pour les vendre.

Ils font ce travail depuis des générations. Le grand-père de dona Maria était déjà cueilleur. Son père est enterré dans cette noyeraie. Elle-même y est née. Cette activité constitue le gagne-pain de tant de familles en Amazonie…

Mais leurs rentrées d'argent ne durent que quelques mois. Si ces familles étaient aidées par le gouvernement, elles auraient un revenu stable, grâce à un travail qui préserve la forêt.

Dans la cabane de dona Maria Jorge – qui sert de base aux siens pendant les mois qu'ils passent dans leur noyeraie –, je suis reçu comme si je faisais partie de la famille.

Le soir même, les cueilleurs tentent de joindre ma mère, ce qui est très compliqué. Ils appellent la fille de dona Maria Jorge, Mirian, qui vit à Laranjal do Jari. Celle-ci a du mal à entendre ce que nous lui disons à la radio. Mais, une fois qu'elle a compris la situation, elle téléphone à ma mère avec son portable.

Comme mon frère et ma sœur ont déjà reçu de nombreux appels fantaisistes, quand ma mère leur annonce qu'on m'a retrouvé, leur première réaction est de ne pas y croire. Ils joignent à leur tour Mirian et lui demandent de confirmer mon identité en donnant ma date de naissance, entre autres renseignements. Je ne sais pas pourquoi ils prennent tant de précautions. Ils ne m'entendent pas bien, car je parle par radio à Mirian et celle-ci leur transmet mes réponses. C'est lorsqu'ils posent une question à laquelle moi seul peux répondre que je comprends qu'ils ont besoin de s'assurer qu'il s'agit vraiment de moi.

« Le nom du chien de Thiago. » Dans la cabane, personne n'entend bien la question :

— Chien ? Pourquoi chien ?

Je réponds :

— C'est Gancho. Dites juste « Gancho ».

Mirian s'exécute et j'entends aussitôt des cris de joie sortir de la radio !

Dans la cabane, l'ambiance est tout aussi festive. Mais la nuit est en train de tomber, et il faut éteindre la radio pour économiser le diesel du générateur.

C'est à ce moment précis que je me détends à la perspective de passer ma première nuit au sec et en sécurité. Je suis tellement heureux que ma famille ait enfin la certitude que je suis en vie ! Je suis fou de joie !

Dona Maria m'offre un poisson frit et un *baião*, un plat régional typique à base de riz et de haricots. En bon *Paraense* (habitant du Pará), je ne résiste pas à ce régal. Mais je suis trop gourmand et je n'aurais pas dû céder à la tentation. Après un mois de quasi-jeûne, ce n'était pas encore le moment de faire un tel festin. Cette nuit-là, j'ai la pire gastrite de ma vie !

« Ce n'est pas possible d'avoir survécu jusqu'ici et de mourir maintenant », me dis-je alors qu'une douleur atroce me tord le ventre. Bien sûr, je ne vais pas mourir, mais, cette nuit-là, je traverse ma dernière épreuve. Et, pendant que je souffre, je pense à ma famille, surtout à ma mère. Je ressens tellement d'amour pour eux. Dans la forêt, combien de fois ai-je réussi à me tenir debout et à marcher, mû par ma seule volonté de les revoir et de les embrasser !

Pour autant, je ne sais pas bien quand ni comment nous allons pouvoir nous retrouver après ce premier appel. Mais je suis sûr que très vite nous serons de nouveau ensemble, comme nous l'avons toujours été.

Après une telle odyssée, l'amour m'a sauvé. L'amour que je ressens pour eux. L'amour qui m'a fait avancer et la foi qui m'a été rendue.

20.

Le lendemain matin, il est 9 heures passées quand nous rebranchons la radio. Et ce qui se passe est très différent de la veille. Mirian, la fille de dona Maria Jorge, répond promptement à notre appel. Elle demande immédiatement de mes nouvelles : plusieurs personnes l'ont contactée pour avoir des informations, notamment la police locale et tous ceux qui étaient impliqués dans la mission de sauvetage.

Tout à coup, un appel arrive pour moi de l'aéroport de Laranjal do Jari. Quelqu'un veut me parler. Je réponds tout de suite. À l'autre bout du fil, mon frère me demande comment je vais. En entendant sa voix, j'éclate en sanglots. Je peux à peine trouver mes mots ! Dans la foulée, je parle aussi à ma sœur. Je me sens de plus en plus proche de chez moi.

Bientôt, plusieurs personnes me contactent par radio : le personnel de l'aéroport, des gens de Santarém, des amis, la famille, tous ceux qui souhaitent apporter leur concours d'une manière ou d'une autre.

Ensuite, tout se passe très vite. Nous commençons à préparer le plan de sauvetage. Pendant que je planifie les choses de mon côté, mes frère et sœur font de même là-bas. C'est assez amusant en fait, parce que je me sens détendu et à l'aise dans la famille de dona Maria Jorge. Nous plaisantons et j'ai l'impression de les connaître depuis toujours.

Nous élaborons le plan suivant : je quitterai le campement avec eux, et nous descendrons la rivière jusqu'au Parú. De là, nous irons à Laranjal do Jari retrouver ma famille. Ce sera un voyage d'au moins un jour et demi dans une *bajara*, un grand canoë motorisé. Je suis enthousiaste à l'idée de vivre cette nouvelle expérience. Je suis sûrement encore animé par un esprit d'aventure.

Quand, par radio, je parle de notre plan à Thiago et Mariana, ils me rient au nez : ils me garantissent que, d'une façon ou d'une autre, ils n'attendront pas un jour de plus pour me faire sortir de là. Après cet échange, je leur abandonne la gestion du sauvetage, car ils disposent de toute l'aide et des ressources nécessaires. J'ai passé beaucoup de temps à lutter pour survivre et à prendre seul des décisions vitales. Maintenant, c'est à eux de jouer !

Leur idée est de déterminer ma position exacte. Ils vont survoler la zone et tâcher de trouver la cabane qui sert de base à la famille de dona Maria. Ce ne sera pas facile, car la forêt à cet endroit est très dense.

Mes sauveteurs nous demandent alors d'allumer un grand feu pour que la fumée les guide. Ils vont se faire accompagner par quelqu'un qui connaît bien la région et qui pourra donner des indications pendant le survol pour repérer le campement.

Nous faisons donc un grand feu, mais la fumée s'élève difficilement, car elle se dissipe au contact de la canopée.

Ils m'informent par radio du décollage, et je guette impatiemment le bruit de l'avion. Ils sont en vol depuis déjà plus de quarante minutes, et j'essaie de contrôler mon anxiété, lorsque j'entends le son caractéristique du moteur PT6A d'un Cessna Grand Caravan. Je suis submergé par l'émotion quand ils volent juste au-dessus du campement. Ils repassent plusieurs fois au-dessus de nos têtes pour préciser la position et transmettre les coordonnées GPS à l'hélicoptère. C'est le moment que j'attends depuis la chute de mon avion le 28 janvier !

Mais il reste encore un problème à régler : déterminer l'endroit exact où le sauvetage aura lieu.

Il faut trouver une grande clairière, entourée d'arbres pas trop hauts, afin que l'hélicoptère puisse descendre suffisamment bas pour permettre mon embarquement. Bien sûr, cela ne peut pas être celle où se trouve la cabane des cueilleurs. Heureusement, pendant le survol en avion, les pilotes ont repéré une zone qui serait idéale, proche de la rivière et pas trop loin du campement. Nous décidons que mon sauvetage se fera à cet endroit. Ils passent l'information à l'hélicoptère et me donnent comme instruction de l'attendre là. J'y suis cinq minutes avant l'horaire prévu.

Ce sont certainement les cinq minutes les plus longues de ma vie. Le temps semble refuser de s'écouler. L'heure du rendez-vous est arrivée, mais toujours pas d'hélicoptère. Mon stress est à son comble. Enfin, j'entends le moteur de cette magnifique machine. Aujourd'hui, c'est le plus beau bruit du monde.

Plus l'hélicoptère se rapproche, plus mon adrénaline monte. Je respecte à la lettre les consignes de l'équipe de secours en me plaçant exactement là où elle m'a dit de le faire.

L'hélicoptère descend jusqu'à presque toucher le sol. À cet instant, un membre de l'équipage ouvre grand la porte et me fait signe de courir vers lui. Je ne me le fais pas dire deux fois : je fonce vers l'appareil, j'attrape la main qu'il me tend et, d'un bond, je saute à l'intérieur.

Les cueilleurs m'ont déposé là en pirogue et ils sont encore sur le rivage quand l'hélicoptère commence sa montée. Éperdu de reconnaissance pour tout ce qu'ils ont fait pour moi, je les salue d'un geste de la main. Ce n'est certes pas un adieu ; juste un au revoir.

L'équipe de secours m'emmène à Prainha, une autre petite ville qui sert de base de soutien à l'opération. De là, je prends un avion pour Santarém. Encore quarante minutes de vol, qui me paraissent une éternité. Quarante minutes d'émotions et de sentiments tellement forts que je trouve difficilement les mots pour les décrire.

Anxiété, joie, soulagement, fatigue, impatience d'arriver… par-dessus tout, impatience d'arriver !

Nous nous posons enfin à Santarém. J'ai atterri dans ce même aéroport un nombre incalculable de fois… mais aucune d'elles n'est comparable à celle-ci. Lorsque je descends de l'avion, de nombreuses personnes m'accueillent, prennent des photos, filment ; je ne comprends rien.

Après tant de journées de solitude absolue, je suis étourdi par cette foule bruyante et joyeuse. Je ne suis pas au courant du retentissement qu'ont eu mon accident et mon sauvetage.

Dès que je lève les yeux, je vois mon frère Thiago et ma sœur Mariana.

Je ne peux contenir mes larmes et me laisse aller au seul désir qui m'a animé pendant ces trente-six jours : les étreindre de nouveau !

Je les serre dans mes bras avec toute la force qui me reste, une force qui ne veut plus les lâcher. « C'était pour vous, c'était pour vous. » Ce sont les seuls mots que j'arrive à prononcer. Avec ceux-ci : « Je vous aime. »

C'est à cet instant que la photo de notre étreinte a été prise. Cette étreinte dans laquelle j'aimerais toujours être enlacé aujourd'hui. L'étreinte qui symbolise l'amour entre nous, la foi et l'espoir qui nous animent. Une étreinte que l'on devrait partager tous les jours. Une étreinte qui signifie l'entraide.

Derrière les grilles du petit aéroport, une foule s'agite. Je vois des amis, des collègues, des voisins, des gens que je ne connais pas. Je suis un peu perdu. Je n'ai jamais reçu tant d'affection dans ma vie.

Depuis mon sauvetage, chaque jour, dans la rue, les restaurants ou sur les réseaux sociaux, des inconnus me parlent, m'encouragent, me témoignent leur amitié.

Il s'est passé trente-six jours où tout m'est arrivé. Une chute, la survie, un miracle, des retrouvailles, un pèlerinage dans les ténèbres de mon âme, des épreuves et des expiations.

Un épisode où j'ai retrouvé Dieu, où ma foi a été mise à l'épreuve. Je suis allé au-delà de mes limites, jusqu'à découvrir que j'étais doté d'une force que je ne soupçonnais pas.

J'ai vécu une épreuve où je me suis accroché à l'amour de ma famille. Une odyssée que je n'oublierai jamais.

Près d'une semaine après le sauvetage, je survole de nouveau la région pour essayer de localiser le lieu de l'accident, et je reste pantois devant cette immensité verte. Je prends alors pleinement la mesure de ce que j'ai accompli. De mon point de vue, j'ai juste marché pour retrouver ma famille. Mais, vu du ciel, je comprends pourquoi mes chances d'en sortir vivant étaient si faibles et pourquoi la nouvelle de mon sauvetage a suscité un tel émoi.

Et pourtant, à vol d'oiseau – je l'ai su après mon sauvetage –, je n'ai parcouru que 27 kilomètres ! Vingt-sept ! Moins de 1 kilomètre par jour de marche !

Tant de journées d'épreuves, de douleurs, de dangers, pour couvrir une distance si dérisoire ! Ailleurs que dans cette forêt, sans ses obstacles et ses embûches, j'aurais avalé ces kilomètres en quelques heures… Bien sûr, en réalité, j'ai marché beaucoup plus que 27 kilomètres – je ne saurai jamais combien j'en ai fait en tout. Car j'ai toujours avancé en zigzag, parfois même en revenant sur mes pas, jamais en ligne droite.

Tout le monde considère cette histoire comme celle d'un grand miracle. Certains voient en moi un héros, d'autres un survivant.

La vérité, c'est qu'aujourd'hui je me vois comme quelqu'un qui a puisé en lui toutes les forces physiques, mentales et spirituelles dont il avait besoin pour survivre. C'est la combinaison de ces trois types de forces qui m'a permis de m'en sortir, elles sont indissociables les unes des autres. Ma résistance physique n'aurait probablement pas suffi à me sauver si elle n'avait pas été soutenue par ma foi et ma confiance. J'ai pris conscience que nous ne pouvons rien accomplir seuls, que la vie est une expérience, une mise à l'épreuve permanente, et que la force spirituelle nous aide à surmonter les difficultés.

Parvenu à la fin de cette odyssée, je veux rendre hommage à la forêt, à la Grande Mère du Brésil qui m'a accueilli en son sein, qui m'a insufflé sa force vitale quand j'étais au bout du rouleau.

La forêt amazonienne m'a protégé, et je me suis rendu compte du mépris, de la négligence dont on fait preuve à son égard.

Après avoir passé des jours et des jours dans son intimité, après avoir admiré sa beauté, sa diversité, son écosystème si vivant et intact, je souhaite défendre la cause de la préservation de notre environnement, de la nature qui nous donne tant. Nous sommes des enfants du monde vivant, nous en faisons partie, et nous nous comportons vis-à-vis de lui comme des prédateurs. La Terre offre à l'homme les moyens de sa subsistance, mais, dans son avidité insatiable, dans sa recherche démesurée du profit, l'homme la pressure et l'exploite jusqu'à la laisser exsangue ; jusqu'à, dans sa folie des grandeurs, détruire les conditions de sa propre survie.

J'avais la certitude que cette terre me nourrirait et me guiderait tant que je la respecterais, tant que je me montrerais humble face à elle – à l'exemple de mon grand-père cueilleur, qui a toujours été lié à la forêt amazonienne, ou de ma sœur, qui a fait des études d'ingénierie environnementale pour mieux la comprendre.

Quand j'ai rencontré les cueilleurs de noix, qui tirent leur subsistance de la terre, j'ai vraiment pris conscience de la grandeur de la forêt, de la nature, de notre terre, qui nous donne tout ce dont nous avons besoin et ne demande rien en retour.

Ces lignes sont une prière, un appel à plus d'humilité. Nous devons comprendre qu'en tant qu'êtres humains, pour notre propre perpétuation, nous devons cesser de nous comporter vis-à-vis de la nature comme si elle était une entité extérieure à nous, que nous pouvons piller impunément, sans subir à terme les conséquences de notre incurie. Pour généreuse qu'elle soit, ses richesses ne sont pas inépuisables. Et le mal que nous lui faisons, nous le faisons à nous-mêmes.

Cette année, dès la fin du mois de juillet, nous avions consommé les ressources annuelles que nous offre la Terre. Au-delà, tout ce que nous lui arrachons l'épuise et la détruit.

Pendant ces trente-six jours passés dans la forêt, j'ai vu d'innombrables espèces interagir dans la plus parfaite harmonie. Je voudrais que les gouvernements, les industriels, les puissances économiques réfléchissent à l'absolue nécessité de préserver cet écosystème. Qu'ils prennent conscience qu'accepter de diminuer leurs gigantesques bénéfices sur le court terme leur permettra tout simplement de continuer à vivre sur le long terme.

Si nous ne comprenons pas rapidement que nous sommes partie intégrante de l'écosystème que nous détruisons méthodiquement depuis des décennies, nous allons droit à notre perte. Mon immersion involontaire dans la forêt amazonienne m'a ouvert les yeux sur cette réalité. Les hommes sont des êtres vivants, ni plus ni moins que les animaux de la forêt. Avec un peu moins d'arrogance et de cupidité, plus de conscience et de sagesse, il leur serait possible d'entretenir des liens harmonieux avec leur environnement ; mais, pour cela, ils doivent avant tout renoncer à leur course au profit qui les mène à la catastrophe.

Épilogue

Chaque jour, un ami m'interpelle :

— Hé Toninho, comment vas-tu ? Que deviens-tu ?

Après les quelques banalités d'usage, immanquablement, j'ai droit à la question :

— Que vas-tu faire maintenant ? L'aviation, je suppose que c'est bel et bien terminé ?

À la grande surprise de mon interlocuteur, je réponds :

— Cesser de voler ? Certainement pas !

Déjà, dans l'appareil qui me ramenait à Santarém, j'étais fou de joie non seulement parce que j'allais retrouver ma famille, mais aussi parce que j'étais dans un avion ! Voler, c'est ma passion, je n'envisage pas de faire autre chose ! Malgré tout ce que j'ai enduré, je sais que je veux continuer à piloter.

Mais, d'abord, il faut que je récupère ma licence de pilote, qui a été suspendue du fait de mon crash. Après six mois d'attente, je dois maintenant suivre une longue procédure et passer encore des tests médicaux, psychologiques et d'aptitude technique. J'espère que cela pourra se faire avant la fin de l'année. Ce délai est frustrant, mais c'est la règle en cas d'accident.

Une chose est certaine : je ne ferai plus jamais de vols de *garimpo*. Je vais chercher un emploi dans une compagnie régulière. J'adorerais piloter un Airbus ou un Boeing.

J'ai surtout une autre ambition : apporter une aide humanitaire aux populations de la forêt. Au Tchad, j'ai vu œuvrer les ONG. Ici aussi, des communautés manquent parfois de tout, en premier lieu d'un accès aux soins médicaux.

Si j'arrive à mener à bien mon projet, mon job de rêve serait celui-ci : concilier ma passion du pilotage et mon envie d'aider les peuples indigènes, les *caboclos*, les *ribeirinhos*, les communautés qui vivent près des rivières, là où je suis désormais chez moi : dans la forêt amazonienne.

Remerciements

Tout d'abord, je voudrais remercier Dieu. Merci de m'avoir accueilli, d'avoir été mon compagnon de route et de m'avoir témoigné tant d'amour.

J'aimerais également remercier ma famille, qui a cru jusqu'au bout à ma survie, malgré les probabilités infimes et les défis gigantesques. Je remercie particulièrement ma sœur et mon frère, Mariana et Thiago. Vous êtes mes héros. Votre force, votre détermination et votre résilience sont une source d'inspiration pour moi, au moment où s'ouvre un nouveau chapitre de ma vie.

Mes plus chaleureux remerciements vont à la famille Tavares, représentée par la figure de dona Maria Jorge. Je n'oublierai jamais la gentillesse avec laquelle vous m'avez accueilli. Le travail que vous faites dans la forêt est noble et mérite d'être soutenu et encouragé. Votre combat est devenu le mien.

Je tiens à remercier toutes les personnes qui se sont unies dans cette magnifique chaîne de prière et d'énergie, quelles que soient leur religion et leurs croyances. Aujourd'hui, je vois et reconnais la force qui m'est venue de vos prières. Ma vie en est la preuve.

Enfin, je tiens également à remercier les peuples d'Amazonie. J'ai eu la chance, au cours de mon existence, de vivre avec des *ribeirinhos*, des ouvriers forestiers et des *caboclos* de la région, et c'est grâce à leurs leçons et aux connaissances qu'ils m'ont transmises que je suis en vie aujourd'hui. Puissions-nous entendre ce qu'ils ont à nous dire, et apprendre à coexister avec la forêt de manière durable.

*

* *

Les Éditions XO remercient grandement Marianne Colombier pour son précieux travail éditorial.

Composition et mise en pages
Nord Compo à Villeneuve-d'Ascq

Imprimé en Espagne par
Liberdúplex
à Sant Llorenç d'Hortons (Barcelone)
en décembre 2022

POCKET - 92, avenue de France - 75013 Paris

S32951/01